U0579662

# 高校篮球教学与训练研究

陶 然◎著

吉林出版集团股份有限公司

**图书在版编目（CIP）数据**

高校篮球教学与训练研究 / 陶然著. — 长春 ：吉林出版集团股份有限公司，2022.7

ISBN 978-7-5731-1654-3

Ⅰ. ①高… Ⅱ. ①陶… Ⅲ. ①篮球运动－体育教学－教学研究－高等学校②篮球运动－运动训练－教学研究－高等学校 Ⅳ. ①G841.2

中国版本图书馆 CIP 数据核字 (2022) 第 117164 号

## 高校篮球教学与训练研究

| | |
|---|---|
| **著　　者** | 陶　然 |
| **责任编辑** | 白聪响 |
| **封面设计** | 林　吉 |
| **开　　本** | 787mm×1092mm　　1/16 |
| **字　　数** | 210 千 |
| **印　　张** | 9.75 |
| **版　　次** | 2022 年 7 月第 1 版 |
| **印　　次** | 2022 年 7 月第 1 次印刷 |
| **出版发行** | 吉林出版集团股份有限公司 |
| **电　　话** | 总编办：010-63109269 |
| | 发行部：010-63109269 |
| **印　　刷** | 北京宝莲鸿图科技有限公司 |

ISBN 978-7-5731-1654-3　　　　　　　　　　　定价：65.00 元

**版权所有　侵权必究**

# 前　言

　　篮球项目一直是备受大众喜爱的体育项目之一，它的特点是竞争激烈，集体协作、娱乐趣味、对抗竞争，也因为这些优势吸引了一大批活泼好动、喜欢游戏、敢于竞争的年轻人。篮球教学的课堂气氛也因为它的趣味性与竞争性而活跃，各种篮球比赛、表演的异彩纷呈使得学生族狂热地参与其中。作为基础课程的篮球课程是高校体育教学中备受学生喜爱的，这与篮球教学的形式新颖、实战性强是分不开的。在篮球教学的室外场地中，学生可以发展自己的个性、施展自己的个人魅力，不会受空间环境的局限。另外，篮球教学的无压力、零负担、合作性、团队精神等等也是吸引学生兴趣的重要因素。

　　高校篮球教学的理论体系大致包括：篮球文化、篮球运动发展、体育精神等方面。事实上，这部分内容是为教师与学生之间提供语言交流的平台，可以顺利推进教学的发展进程，也能够使教学内容丰富多样，便于学生深入了解篮球、透彻理解体育精神，学习兴趣得以激发，学习动力充足。

　　在教学过程中，以学生为本的教学理念要求教师与学生的交流要密切，对学生的了解要深入。体育教学中长期以来存在的尴尬局面是：在室外教学时注重对学生能力技术的培养，忽视教师理论知识的讲解和师生互动环节。这就要求教师在教学过程中，要加强与学生的沟通、交流，去主动了解学生想要从篮球运动中获取什么，以及每一位学生对篮球的热爱程度，以及期待从篮球学习中获得什么样的能力等；从而给学生定位，更好的因材施教。接触与交流是消除师生间隔阂的最好方法，也是师生间互动交流的前提和基础。在教师的日常教学中，学生是主体，是教学手段实施的对象，所以，教学效果理想与否与师生之间的交流互动密切相关。

# 目　录

# 第一章  高校篮球教学概述

## 第一节  高校篮球教学存在的问题

本节采用文献资料法对我国高校篮球教学现状进行了全面的研究后结果表明：我国高校篮球教学存在教学观念陈旧、教师和学生关系错位、教学方法陈旧，教学手段单一和教师综合素质较差等问题；提出更新教学观念、正确树立学生学习为主体，教师为主导作用的观念、改进教学方法，丰富教学手段和提高教师综合素质等改革建议。

随着全民健身上升到国家战略，健康中国建设持续推进，全民健康已成为全面建设小康社会的重点。随着我国高校体育教学改革的深化，篮球运动作为一项锻炼身体的基本活动，能够培养学生养成体育锻炼的习惯，提高身体健康，从而树立终身体育意识。但是，我国高校篮球教学仍然存在一些问题，本节对我国高校篮球教学进行了研究，提出高校篮球教学改革方向，旨在为我国高校篮球教学改革提供参考。

### 一、高校篮球教学存在的问题

#### （一）教学观念陈旧

近些年，虽然我国高校体育教学改革不断深入，大力推行终身体育意识和健康第一的指导思想，但是受到西方竞技体育的影响，高校篮球教学观念依然停留在抓好篮球基本技战术，忽视篮球文化知识，不利于学生的全面发展。一方面，篮球教师教学观念陈旧。在篮球教学过程中，始终将篮球基本技术和动作教学内容放在第一位，并未渗透篮球文化知识，以及培养学生利用篮球运动参与体育锻炼的习惯，对某些学生心理健康并没有明显改善。另一方面，学生的篮球观念错误。受到篮球教师教学观念的误导，一些学生认为篮球运动只有提高身体健康的作用，并没有更深层次的含义。

#### （二）教师和学生关系错位

在篮球教学过程中，教师和学生是最重要的两个要素，两者都是以对方的存在为自身存在的前提，相互促进、相互作用，教师与学生是主导和主动的关系，即教师是主导者，学生则是主动者。不能夸大或弱化某种角色。我国许多高校篮球教学常常夸大教师的主导作用或弱化学生的主动学习性，影响篮球教学效果。首先，过分强调教师的主导作用，认为教师是教学活动的组织者和安排者，因此，其对教学具有绝对的支配作用，学生必须信赖教师的教才能完成教学内容，这种"教师中心论"制约了篮球教学的健康开展；其次，弱化学生主动学习的能动性。学生在篮球教学活动中接受教育影响时并不是消极被动的，而是积极主动的，忽视学生作为学习主体的角色，就是否定了篮球教学活动的所有要素都是围绕学生展开的论点，不利于篮球教学的有序开展。

### （三）教学方法陈旧，教学手段单一

教学方法的本质，主要取决于学生的学习认识活动和教师相应活动的逻辑顺序和心理方面，即由学习方式和教学方式二位一体运用的协调一致的效果来决定的。教学方法运用是否恰当，影响教学目的的实现和教学任务的完成。我国部分普通高校篮球教学以填鸭式方法为主，以讲授法和示范法为辅，过于强调教师的主导作用，教学方法单一，没有根据教学目标、教学任务、学生自身特点和教师的自身能力选择多种教学方法，"一刀切"的教学方法影响教学质量和效果，学生处于被动的地位。篮球教学内容较多，涉及基本动作、技战术和裁判规则等多方面内容，只采取一种教学方法，无法调动学生学习的积极性。同时，教学手段单一，篮球教学运动一般在课外授课，利用篮球场地和基本的器材便可完成，没有利用现代科学技术，丰富教学手段，激发学生学习篮球运动的热情。

### （四）教师综合素质较差

教师在教学过程中计划、组织、指导和评价教学活动，指引其主向，掌握其进度，引导、帮助和激励学生主动积极地学习，发展他们的思维和使他们形成有社会意义的、有价值的定向。目前，我国一些普通高校篮球教师综合素质较差，主要体现在两个方面：一方面是知识结构单一。有些篮球教师专业技能较强，对篮球基本动作和技战术打法了解透彻，并对篮球裁判法和规则有独特的见解，但是自身却缺乏广博的文化知识素养，科研能力较弱，不能很好地完成申报课题材料工作，不懂得运用各个学科与篮球之间的联系，兴趣贫乏，影响其在学生中的威信，不利于专业知识的教学。另一方面是教学能力水平较低。尽管部分篮球教师专业知识较强，但却无法向学生很好地表达出来，语言表达能力较差，无法解释清楚篮球基本概念和技战术的内容，学生无法听懂教师表达的意思，严重影响教学质量。

## 二、高校篮球教学改革的方向

### （一）更新教学观念

在整个篮球教学过程中，教师和学生分别是教学的主体和学习的客体，因此改变篮球教学观念需要从教师和学生两方面着手：一方面，改变篮球教师的教学观念。教师在教学

过程中处于领导者、组织者和教育者的地位，对学生施加影响，因此，教师的篮球教学观念直接影响着学生的篮球观念。在日常的篮球教学中，教师应摒弃过时的篮球教学理念，紧跟时代的步伐，借鉴和学习先进的篮球教学理念；合理运用教学方法，丰富教学内容，有意识地向学生传递篮球文化知识，改变教学组织形式，重视学生的个体差异，使整个篮球教学活动具有娱乐性、趣味性和教育性，学生在游戏中学到篮球知识，激发学生的主动参与性。另一方面，改变学生传统的学习观念。篮球教学不仅教会学生篮球的相关基本动作和技巧，更重要的是在篮球比赛或训练中向学生传递篮球的精神，培养学生顽强拼搏、永不放弃的精神，篮球教学运动绝不仅仅是促进学生身体健康这一层意义。

## （二）正确树立学生学习为主体，教师为主导作用的观念

篮球教学是在教师与学生之间进行信息传递的交互活动。教与学的关系不仅是相互依存的关系，同时也是双向影响、相互作用的关系，教师的教影响学生的学，学生的学也影响教师的教。因此在普通高校篮球教学中，要明确学生是教学的对象也是学习的主体，篮球教学活动的开展是围绕学生的学而进行的，学生本身具有可教性和主观学习能动性，其通过教师的教能够积极主动地去接受，并非消极被动地等待；其根据自身所储备的知识结构容易接收教师教的内容，从而内化成自己的知识体系，学生的学习情况和学习效果是检验教师教的主要依据。学生的主动学习构成了教师的教并行且相互依存的另一活动体系。学生的学与教师的教不可分割，教师在教学过程中起主导作用，引导学生进行积极主动的学习，发展学生各个方面的能力，提高独立思考能力和判断力，培养学生参与篮球运动的兴趣，学生除了学习篮球运动基本技战术之外，还能学到篮球运动的文化知识。在篮球比赛或训练中，树立坚韧不拔的品质，培养团结合作精神，养成积极乐观向上的态度，而最终的导向是使学生通过篮球运动树立终身体育的思想，提高身体素质。

## （三）改进教学方法，丰富教学手段

教师是教学方法的掌握者和实施者，其教学能力水平，影响着教学效果。因此，教师教的方法制约着学生学的方法，学生学的方法也影响着教师教的方法，教师的教法必然通过学生的学法体现出来。为了提高学生参与篮球运动的热情，教师必须优化教学方法，改变单一的教学方法，激发学生主动参与篮球运动中。教学方法的选择应根据教学目标、教学内容、学生身心特点和教师自身的综合能力而定，教学目标指导着整个教学过程，教学内容决定着教学方法的运用，学生身心特点限制教学方法的运用，根据教师自身的综合能力，精挑细选教学方法进行授课，实现具体的教学目的。要善于灵活运用教学方法，复杂多变的教学活动，要求教学方法必须多样化，科学合理的多种教学方法，能调动各种感官参与教学活动，提高学生学习的积极性。另外，教师需要丰富教学手段，利用当今科学技术手段，展开多媒体教学，在视频中讲解篮球基本技术和基本动作，使学生能够清晰地认识到自身的不足，使篮球教学效果取得最优化。

### （四）提高教师综合素质

在篮球教学活动中，为了实现教学目的，使学生快速学习到篮球知识，教师必须发挥主导作用，厘清各个要素之间的关系，使其协调发展，提高教学质量。提高篮球教师综合素质需从两方面入手。首先是丰富教师知识结构，包括3个重点。其一，提升篮球专业技能。教师自身利用课余休息时间努力学习篮球理论知识，查询现代篮球发展前沿信息，及时更新篮球教学理念，改进教学方法。进一步提高篮球专业技能，比如篮球基本动作、技战术打法、篮球文化知识及篮球裁判规则等内容，这是篮球教师教学最基础的专业能力。其二，提升文化知识。认真学习各个学科的知识，尝试找到与篮球运动的共通点，丰富教学内容，适应现代教育要求，吸引学生的注意力，在学生中起到模范带头作用。其三，学习教育科学文化知识。教育科学知识是操作教学内容的工具，教师通过此项知识进一步了解教学规律和学生的心理特点，从而运用科学的教学方法，促进学生全面发展。另一方面是提高教学能力。教师的教学能力包括观察学生能力，语言表达能力、运用教材能力、科研能力、组织能力和管理能力等，每一项能力的提高都有利于篮球教学活动的开展。例如，提高教师观察学生的能力，能够找到他们学习篮球的困难所在，从而因材施教。教师组织和管理能力的提升，有利于保证教学活动有条不紊地进行，调动学生学习的积极性。

## 第二节 "健康中国"与高校篮球教学

"健康中国"战略与《"健康中国2030"规划纲要》的颁布为我国下一时期的体育事业发展提出了新的要求，指明了新的道路。本节通过文献资料法、实地调查法和逻辑分析法，结合我国目前综合性高等院校的现状，以其中的篮球教学为研究对象，探究在"健康中国"的大背景下，应如何更好地进行改革。目前我国综合性高等院校篮球教学中，存在着教学观念陈旧、教学过程中实践与理论失衡、教学过程枯燥死板以及教学考核片面化等问题，在"健康中国"理念的引领下，应注重"运动之道的传授"、基础理论的补充、教学元素的丰富以及考核方式灵活性、差异性的增强，从而促进终身体育意识的培养和良好体育环境的锻造。

2016年8月，习近平总书记在全国卫生与健康大会上发表重要讲话，其中提到了"健康中国"的理念，并提出"要把人民健康放在优先发展的战略地位"；同年10月，中共中央、国务院正式印发了《"健康中国2030"规划纲要》，目的是提高全民健康水平、实现健康中国建设的战略目标。《纲要》对我国体育事业发展进行了详细的规划、也提出了具体的要求，尤其是对学校体育工作寄予厚望。这一方面反映出学校体育工作理应在"健康中国"建设的过程中发挥更大的力量、扮演更为重要的角色；另一方面则折射出当前我国学校体育工作还有很多不足与值得改进的地方。

## 一、研究目的

《纲要》的颁发为我们未来一段时间内的体育工作指明了方向与道路，尤其是在全民健身如火如荼、体育产业迅猛发展的大背景下，学校体育工作应如何响应党中央的号召、在《纲要》的指导下更好地促进自身的发展，便成为当前急待解决的问题。在"健康中国"的框架中，青少年的健康发展是其筑基工程，核心使命主要涉及重塑青少年体育本质特征、培养体育科学素养、塑造生态文明和培育正向文化等四个方面。在青少年各个成长阶段，高校的体育教育无疑是占据主要地位的，这一方面是由于高校的体育教育起着承上启下的重要作用，既是中学阶段的接续、又是学生将来步入社会将学校体育转化为社会体育的枢纽；另一方面则是由于高校体育教育在对学生的体育意识、体育文化培养、形成方面扮演着不可替代的角色。因此，本节以我国高校篮球教学为研究对象，探究其在"健康中国"的大背景下如何更好地改进、变革，为高校学生的身心健康发展做出自己的贡献。

## 二、研究方法

### （一）文献资料法

通过中国知网、万方数据库和维普数据网，以"健康中国""高校体育""篮球教学"等为关键词，查阅相关文献；通过北京大学图书馆、北京体育大学图书馆等查阅有关专著，并结合网络搜索等，为本节的研究奠定了坚实的基础。

### （二）实地调查法

通过实地走访、了解同济大学、河北科技大学、中北大学等高等院校的篮球课程开设情况、教学情况，以及相关教师与学生对于"健康中国"概念的理解与展望，对我国当前的高校篮球教学情况有一个较为全面且深入的掌握。

### （三）逻辑分析法

结合所收集到的文献、资料，以及我国目前综合性高等院校中篮球教学的实际情况，探究在"健康中国"的大背景下，应如何对现有状况、现存问题进行相应地改进与变革，提出具有一定针对性、实用性的建议与意见。

## 三、研究结果

本节将从目前我国综合性高等院校篮球教学的现状、存在的问题等入手，结合"健康中国"理念与计划，对其篮球教学的改革方向、思路和举措进行一定程度的探究。

## （一）综合性高校篮球教学中存在的相关问题

### 1. 教学观念陈旧

篮球作为"三大球"项目之一，在我国有着广泛的群众基础与历史传统，更是被很多青少年所喜爱，成为其较早、较多接触的运动。但正是因为如此，导致很多人对于篮球运动的固有观念和刻板印象。这一点尤其体现在我国高等院校的篮球教师身上，通过长时间的教学实践，他们已经形成了属于自己的篮球教学模式，且更多的将篮球作为一项竞技运动技能传授给学生，较为注重"术"的方面，而轻视"学"的方面。其实，篮球运动发展到现在，早已不再单单是一门单纯的竞技运动，而是一项融合了政治、经济、文化、社会等多种要素的社会活动，对于篮球运动的教学理念也不应还是停留在过去、固守于单一的教学目标，否则是难以培养出适应当今社会发展的复合型人才的。

### 2. 教学过程中实践与理论的失衡

这一点在我国目前的高校篮球教学中有着突出的显现，甚至可以拓展到所有的运动项目教学中。这是由体育教学的特点所决定的，由于其较强的实用性，导致整体的教学过程和目标会向偏重实践的方向倾斜。但我们应该注意到的是，篮球运动有着自己完备的知识体系，除了技术动作、战术配合之外，基本理论、运动损伤与防治等内容对于参与者来说也是必不可少的，否则就会出现场下掌握了技战术场上却发挥不出来的尴尬情况、比赛过程不甚受伤却缺乏必要的医疗知识等。这些情况的发生都与篮球教学中理论部分的欠缺有着很大的关系，不仅影响篮球教学的整体效果，而且也不利于学生整体篮球素养、体育素养的提升。

### 3. 教学过程枯燥、死板

众所周知，兴趣是最好的老师。但在我国目前的综合性高校篮球教学中，学生对于运动项目兴趣的缺失却并不罕见。结合篮球运动自身的特点，在一学期的篮球课程中，会贯穿不同的技战术讲解，而这些讲解又以基本动作为最基础的元素。因此，在我国目前的高校篮球教学中便不难看到，教师进行运球、投篮、上篮等基本动作的讲解和示范，学生对其进行反复而枯燥练习的现象。

整个过程过多的侧重教学任务的完成、技能技巧的传授，而忽视了对于学生兴趣的调动，这一点对于本身就对篮球运动有着浓厚兴趣的学生影响不大，但对那些本身就对篮球运动兴趣缺失的人来说，只会更加重其厌烦、抵触的情绪，仅仅是为了学分而被动参与，更别提实现体育的人文价值功能了。

### 4. 教学考核片面化

教学考核是整个教学过程中较为重要的方面之一，也是检验教学成果的主要手段，更是对学生一段时间以来学习与努力程度的反馈，因此应该引起足够的重视。但在目前我国的篮球教学考核乃至体育教学考核中，还是存在着严重的问题。一方面，出勤成为考核的重要内容，占据一定的分数，这势必会影响到其他更为重要的考核部分所占的比重；另一方面，也是老生常谈的一点，每个学生的基础不同，通过努力最后所取得的成绩也自然不同，因此，对于学生的动态学习过程和进步程度的衡量远比最后的测试结果更为重要、更具意义，也更能体现出体育精神的公平公正和以人为本。

## （二）具体的改革举措与建议

"健康中国"战略高举中国特色社会主义伟大旗帜，全面贯彻十八届三中、四中、五中全会精神，以全民健康为落脚石，提高全民健康水平，开展各个领域公共健康事业有条有序蓬勃发展，建立健全健康体系，加强引导营造健康良好的社会氛围。为我国的学校体育工作、篮球教学改革提供了新的思想、树立了新的目标、指明了新的方向。

### 1. 教学观念的更新——"传授运动之道"

"健康中国"理念的提出将体育的健康功能放到了极其重要的位置上，充分利用体育来健身娱乐、防病治病已经成为人们的共识。在此要求下，我国的体育教学理念也应做出相应的变化，尤其是以前的"传授运动技能"思想应逐步过渡到"传授运动之道"，即让学生在体育教学的过程中不单单只是单一的学习运动技巧，更重要的是强化他们对于运动、体育的心理认同，以及对于体育这种健康生活方式的接受和践行。与此同时，这也是对"健康第一""以人为本"等指导思想的贯彻落实，是有利于学生的健康成长与长远发展的。

### 2. 教学内容的完善——理论基础的补充

在具体的高校篮球教学中，理论基础一直是较为缺失的一环，这主要与教师、学生自身的不重视有关，"健康中国"的提出则为这一问题的解决指明了道路。包括篮球在内，其他运动项目的教学也应尽可能多的涉及体育的基础理论知识，诸如其历史起源、当今发展、代表人物等；更为专业一些的，还应包括运动损伤的预防与防治、运动训练的科学方法等，能够多角度、全方位地向学生展示篮球乃至体育的魅力、激发他们参与其中的兴趣和热情，而不单单局限在简单的动作教学、技能传授上，因为体育本身也是一门科学，有着属于自己的逻辑和框架。

### 3. 教学方式的优化——丰富教学元素

教学方式的优化主要在于增加篮球教学的趣味性、创新篮球教学的课程模式，最大限度地减少原有教学模式的枯燥和乏味。"健康中国"理念倡导健康生活方式的培育和养成，运动在其中扮演着重要的角色，因此，运动兴趣的培养就成为重中之重。篮球教学过程中，可以在遵从教学大纲的指导下，结合学校自身的实际、因地制宜，构建出属于自己的校本课程、特色课程，在其中注入一些娱乐性、人文性的知识和实践活动，提升学生对于篮球运动未知领域进行探索的动力，从而在取得良好教学效果的同时，为"健康中国"战略的顺利实施添砖加瓦。

**4. 教学考核的改进——提升灵活性、注重差异性**

在教学考核方面，应改变过去将运动成绩作为唯一标准的方式与做法，更加注重人的全面、均衡发展，才能与"健康中国"所倡导的理念相吻合、相一致。具体说来，可以从灵活性、差异性两方面着手：首先，注重因材施教，根据不同学生的运动能力和水平，着重考察其从学期初到学期末的进步程度，以进步的幅度而非最后的成绩作为主要的评判标准；其次，注重对于学生非智力因素的考察，尤其是在整个学习过程中学习态度、努力程度、意志品质、竞争合作等方面，增加一定的主观因素，从"人"的角度、更为感性的视角出发去看待学生的成长与进步，而非将重点放在冷冰冰的分数上。

综上所述，在"健康中国"的理念下，我国综合性高校的篮球教学改革应从教学观念、内容、方式和考核等几大方面入手，对原有的教学体系进行一定程度的革新与完善，真正做到"以人为本"，将健康生活方式向全社会推广。

### （三）进行教学改革的意义

以"健康中国"为背景，我国综合性高校篮球教学改革的重要意义主要体现在对于学生终身体育意识的培养和良好体育环境的营造上。终身体育是指人的一生中进行体育锻炼和接受体育教育的总和，可以说，终身体育意识与"健康中国"理念在出发点上是不谋而合的，而篮球运动集竞技、健身、娱乐、休闲、交际等功能于一体，对于终身体育意识的培养是非常有帮助的，因此，高校篮球教学改革具有十分长远的意义。与此同时，通过这些改革举措，大力营造一个趣味性、实用性、发展性更强的体育环境，使其中的每个参与者都能感受到体育的魅力，以及体育带给自身的转变和美好，加速推进我国由体育大国向体育强国转变的进程。

新中国成立 70 周年，改革开放 40 周年，我国的体育事业取得了长足的进步与发展，也早已由原来的展示国家实力、塑造国家形象转变为如今的深入平常百姓家。在此背景下，"健康中国"战略的提出既符合时代背景，也为接下来的体育发展指明了道路。高校作为我国各项改革事业的主阵地，自然应肩负起时代的重托、为我国体育的更好更快发展做出应有的贡献。

# 第三节 高校篮球教学改革的思路

我国各个阶段的教育随着教育改革的步伐，每个科目的教学理念和方式都在随之变化。高校的学习方式和义务教育中的方式大不相同，针对体育学科也不再只是为了学期成绩，如何在高校的篮球教学过程中，引用创新形式的教学方式是目前高校体育课程的重点思考方向，因为以此可以逐渐提升学生的身体素质和体育素养。本篇文章讨论在新形势的背景之下，我国高校中针对篮球教学如何更好地进行改革。

我国大部分高校针对篮球训练课程，没有其自身的室内训练场地，通常情况下是在室外场地进行。但在户外进行篮球课程的教学，学生会因此受到许多因素的影响，除此之外也有其他因素会造成高校篮球课程教学存在一些不足，类似于教学方式枯燥死板，缺乏创新性，都会促使学生对篮球课程没有学习兴趣等。鉴于此种现象，高校在新形势的大背景之下，一定要调整和整改篮球教学的方式。

# 一、高校实行篮球课程教育的重要性

## （一）丰富高校学生的课余生活以及培养学生的合作意识

高校体育课堂中，实行篮球课程的内容教学，能够促使我国高校大学生的业余生活有了新的锻炼或者娱乐项目，对于其业余生活而言，起着丰富性的作用。并且篮球运动是一种强度适中的运动项目，学生能够通过篮球运动，让自己的紧张学习状态适当地得到放松和舒缓，可以在篮球运动中进行自我的调节。从而在这一过程中获得一定的满足感，对于平日学习效率的提高以及身心的健康发展有着积极影响作用。同时篮球运动是一项多人合作模式的体育运动项目，在整个过程中，能够促进学生之间的感情，对于团队合作意识的培养也是不错的途径。针对现阶段多数高校大学生缺乏一定的团队合作意识和精神，通过篮球运动课程，能够在一定程度上帮助学生学会如何在团队中协助他人。篮球运动的团队合作需要学生之间进行交流沟通，对于其交际水平也有一定的提升作用。

## （二）利于高校完善自身的体育文化制度

在现阶段大多数高校体育课程教学内容里，会比以往传统体育课堂的形式更加丰富，通常有条件的高校都会涉及篮球体育运动、网球课程以及游泳课程等，这对于高校的体育文化发展来说，具有积极的推动作用。在高校倘若需要培养学生的运动合作精神，是需要一个较为完善的体育文化制度来进行支撑和保障。不断在高校推行篮球运动，能够在一定程度上为学生选择更多形式的体育运动提供渠道，并且也能够促使高校的体育文化制度进一步完善。

目前大多数高校体育课程中针对篮球运动的教学往往没有达到课程化的标准，大多数情况下，在课堂中体育教师会让学生自行进行篮球项目的运动。鉴于这样的安排，大多数学生是不会选择进行篮球运动，因为篮球运动涉及团队合作，而大多数的大学生之间缺乏一定的合作意识，当课堂中的拉伸运动以及跑步任务做完以后，这些学生会选择直接离开训练场地。只有少数学生会自行进行篮球运动活动，而体育教师针对这样的现象也没有过多的干扰。同时，在目前高校的篮球运动教学中，体育教师只是简单的教授学生如何运球等基本要点，教学方法的落后也是高校篮球运动课程教学出现问题的原因之一。而真正培养学生能够提升篮球运动意识和习惯，是需要体现学生在课堂中的主体地位，但也不是一味地放纵不管。

大多数涉及篮球运动课程的高校，在进行篮球运动教学时，大多数是在室外的操场进行教学。在这样的场地进行篮球运动的教学，首先会忽视篮球运动的理论知识，其次由于室外环境会有许多因素能够影响学生学习的情绪等，其他因素会极易吸引学生的注意力。最后高校篮球运动课程在实际教学中，缺乏标准的课程设置，这样会直接导致学生不能进行较为深入地篮球运动，也无法真正地体验到篮球运动的魅力。同时，针对在室外场地进行篮球运动教学这一点，高校体育教师通常只是对学生教授基础的动作，对于战术性的要点没有更深入地教学，学生在这样的课程中不能深入感受到篮球的奥秘，也不能够很好地在团队中学会如何与成员进行良好的配合，只会自己单独运球等。由此可见，高校实行的篮球运动课程从本质上来看，其形式以及教学内容都显得过于单调和乏味。

在大多数高校里，对于篮球运动的考核，由于在平时教学过程中，只是简单地涉及篮球运动中的基本技巧，类似于如何定点投球、如何运球以及三步上篮等，所以针对高校学生的篮球考核也只是从这些简单的基础的技巧进行最终的考核。但从篮球运动的本质上讲，以这样的考核内容过于简单，这不能够体现出学生真实的篮球水平以及学生对篮球的理解。针对篮球教学评价的内容，还应该从学生团队合作能力等方面进行考核。所以在目前高校篮球运动教学过程中，针对教学评价的内容还不够完善。

## 二、新形势背景下的高校篮球运动教学改革思路

### （一）丰富篮球教学方法

为了更好地进行篮球运动教学，可以在以往的篮球教学方式基础上，引用"开放式"的教学模式。所谓"开放"二字在体育篮球运动中，主要是将学生个性化当作教学重点，将更多的自由元素带进篮球运动教学中。针对高校篮球运动的教学，教师可以根据学生个性化的需求制订一定的计划，做到因材施教的教学方式等。将学生对篮球运动的个性化需求融入教学过程中，可以在一定程度上积极引导学生对篮球运动的兴趣。同时也可以融入一些生活中的经验，对于篮球运动的技能知识有更好的延伸作用。针对不同学生的不同个体优势，做到差异化的教学对待。利用"开放式"篮球运动教学方法，可以让学生与师生之间的距离拉近，增加学生与教师之间的信任感，同时对于学生篮球运动精神的培养有更加高效率的作用。

比如，在实际教学过程中，为了让学生在一个较为轻松的课堂中进行篮球运动的学习，一定要让学生之间进行互相地沟通和交流，甚至对其他同学或者教师进行提问，这对于篮球运动学习的效率具有提升作用。体育教师可以设计小组分组学习的形式，本身篮球运动就是以团队合作形式进行，所以可以组织学生通过分组形式来进行篮球课程的学习，并且教师可以引导学生如何分组。针对篮球运动技能程度不一的学生，一定要进行划分，同一个组内一定要具有不同技能的成员。同时也可以依据男女生之间的不同，设计不同的篮球运动训练目的以及方式。学生可以在这样的小组合作学习模式中，能够更好地锻炼合作意识以及精神。

## （二）促使篮球运动教学有趣化

利用具有较为趣味性的教学方式，无论是针对哪个年龄阶段的学生来说，都能够在一定程度上吸引学生的注意力，对于高校的大学生来说，这样的方式能够激发其对篮球运动的学习兴趣。对于高校大学生来讲，学生大部分时间会花在专业课程学习以及社会经验积累上，而对于体育运动项目，没有足够的重视。为了促使学生身心健康发展，以及增强学生的体魄。针对体育课中篮球运动的教学，可以促使其更加有趣，利用一些游戏化的教学方法。

在实际的篮球运动教学中，可以利用上文提到的小组学习模式，让不同小组之间进行适当的比赛，或者可以让小组成员之间进行篮球基本技能的比拼，以这样小规模的比赛形式进行运动技能的学习和巩固，可以在一定程度上提升学生之间的合作意识。同时也可以结合其他方面的形式，设计出较为有趣的篮球小游戏。并且在进行教学时，教师一定要多关注如何训练学生进行篮球运球、传球、传切空切以及快攻上篮的一些跑位技能，而不只是对学生进行投篮训练。所以教师也可以结合这些重点的教学知识点，将其达到游戏化。

## （三）提高学生的基础运动能力

首先要提升学生对于篮球运动的心理运动能力，从简单的含义解释，就是促使学生能够对篮球运动课程有一定的学习兴趣和积极性。可以利用上文所提到的新颖教学方式或者有趣味性的教学方式来激发学生的篮球运动兴趣。其次，在篮球运动中需要一定的速度与协调能力，所以教师在平时的篮球运动课程中，也要增设一些培养学生运动速度以及运球协调能力的基础项目。比如在篮球运动课程中，可以先让学生进行跳绳运动、体操跳跃运动以及多进行一些运球及传球等篮球基本技能等，这些方式可以从一定程度上帮助学生培养协调性。第二个方面是属于锻炼学生的生理运动能力，其中也包含了学生的身体综合素质，针对篮球运动，学生一定要有较好的身体素质。鉴于这两个方面，教师在进行篮球运动教学时，可以重点关注这两方面的培养，从整体局面去提高学生的整体身体素质，能够让学生更好地在篮球运动中体验到篮球的魅力。

## （四）完善学生篮球运动考核制度

对于学生的篮球考核，不能只是简单地从基础的篮球技能入手。体育教师一定要依据篮球运动中不同的训练形式和对应的不同难易程度，制定出合理化的考核标准，以最大限度地保证篮球运动考核的科学性。篮球运动是一个团体运动项目，所以教师在制定考核标准时，也要将团体合作性纳入到篮球运动考核的标准中。同时也要针对篮球运动能力不同的学生进行层次化的考核，这也是能够体现出考核的权威性。

从本节总结中来看，我国高校目前在篮球运动教学过程里，仍然存在许多不足。但在新形势背景之下，如何高效地进行高校篮球运动教学，并且能够让篮球运动符合高校体育文化机制。一定要以学生实际需求为主，设计出符合培养学生篮球运动合作意识、更强的身体素质的教学方式。对于以往篮球教学过程中存在的形式化，一定要用更加丰富性的教学方式和趋于有趣化的教学模式将这一类不符合新形势下的教学局面打破。

# 第四节　高校篮球教学的有效方法

篮球运动项目在我国逐渐普及，并且已经成为我国体育教学中的重要内容。本节从我国现阶段高校篮球教学影响因素作为研究的出发点，总结篮球教学应遵循的基本原则，并且提出具体高校篮球教学有效对策措施，进而有效地提升篮球课堂教学质量，提升大学生的篮球技能水平，并且不断对各方面加以完善与创新，创建良好的体育教学体系。

篮球教学过程必须将理论与实践相结合，经过近几年的快速发展，已经逐渐形成了教学完善的教学体系。然而在我国高校篮球教学课堂中，仍旧存在一些不良问题，如：教学手段单一、教学理念缺乏创新、教学评价比较片面等问题。若想提升高校篮球教学质量，提升大学生的篮球技术水平，高校体育教师就应该不断更新篮球教学理念，使用科学合理的教学手段，从全面性角度给予教学评价，促进高校体育教学体系更加完善。

## 一、影响我国高校篮球教学的因素

### （一）教学环境因素

在一定的情境和条件下，为了进一步促进高校篮球教学，我们必须要与时俱进，加强战术创新，理论创新和教育教学的创新，只有这样才能让高校篮球教学在一定的体育教学环境中得到更好的发展。在篮球的教学环境中，篮球的教学相关制度、篮球教学集体和学习集体，以及体育设施器材的使用、篮球的学习气氛等因素都是教学环境的重要组成部分。教学效果的质量和进度能够衡量教学环境的好与坏，如果教学质量上不去那会直接影响到教学进度，因此高校篮球教学的重中之重是要营造一个良好的教学环境，以保证高校篮球教学的发展。

### （二）教学方法因素

一直以来影响教学效果的重要因素都是篮球教学的创新和方法改善，与此同时也是篮球教学中的弱点和难点。在学生接受教育的同时，他们的身心也随之成长，教师在篮球教学方法上也要随之不断地改进，针对高校学生的自身身体素质，在教学过程中，教师需制定一个合理明确的目标，采用鼓励、传授、引导各个方式，组织有计划的、有组织的篮球教学活动。高校篮球教学方法大致可分为以下几种：教学手段、教学策略和教学技术。基于此，高校篮球老师要根据学生的基础水平和不同的身体素质来因材施教，不同学生采取不同的技巧和教学方法，只有这样才能从根本上提高教学质量，促进高校篮球运动的发展。

　　篮球是一项技术要求高、动作相对复杂的体育项目，学生对打篮球的战术运用和技术动作的把握是需要日积月累的练习，仅凭教师在课上的教学是很难得到快速提升的。在当前高校篮球教学中，教师往往把重点放在技术的传授上，教学模式应当改变以教师教、学生练为主的传统模式，这样的传统教学模式和教学方法往往是枯燥、单调、缺乏趣味性的，但篮球本身就是一个集竞技性、观赏性、娱乐性为一体的体育项目，这样明显的反差就会使得学生在学习篮球的过程中大大降低了主动性和积极性。为此高校教师在篮球教学中，要强调竞技性、观赏性、娱乐性，在教学方法上也要注意实用性和人文性，而不是单单的提高技术水平为目的。

## 二、开展高校篮球体育教学应遵循的基本原则

### （一）动作技术原则

　　学生的基础训练是高校教师在篮球教学中非常重视的。在高校篮球教学过程中，教师应该准确地把握住每一个动作的核心部分，并且将其中的要领和技巧准确教给每一个学生，从而才会从不同程度上提高学生的学习积极性和学习效果。以扣篮为例，针对高校学生而言，动作的准确性和完整性是有一定的难度的，有些学生会出现肢体不正确的问题。高校教师应针对此类学生的训练重点放在学生的肢体协调上的练习，然而对有一定经验的学生而言，重点动作应该放在速度和完整性上，在一个运球动作上，每个不同的学生在训练要领上各有不同，这时教师应该在教学时把握孰轻孰重、因材施教。

### （二）针对性原则

　　为了避免学生养成不好的习惯，教师应在教学活动中不断修正、不断反馈，教师在传递技术动作要领之后，要针对学生在训练时出现的各种错误动作提出问题，及时采取正确的技术方法。以原地单手肩上篮为例，这个动作对学生的身体协调性要求很高，这一动作要连贯而协调。教师在实际教学活动中要意识到这一点，并且对学生开展手指、手臂、手腕的针对性练习，应对难点动作进行反复的练习直到熟练掌握。

### （三）理论与实践相结合原则

　　体育教学和其他科目有着不同的教学方式，其实它是一个实践性很强的活动，体育教材中的理论知识旨在对学生的实践活动加以纠正和指导。以双手胸前传球为例，在实际活动中，一些实质性的动作往往会被学生忽略，然而通过全面系统的技术要领来传球的话，就会大大增加传球的成功概率。因此需要把理论层面的知识运用到实践当中来，强化实践训练。

### （四）趣味性原则

教师在授课时，寓教于乐的教学方式会使学生大受欢迎，打破传统的训练方式，避开枯燥、乏味的教学，将篮球训练与兴趣活动相结合，以此增加篮球训练的趣味性，同时也大大提高了训练效率。在篮球比赛中，比较有代表性的就是采用对抗赛的形式，将竞争和惩罚加入到篮球的训练中来，这样能够激发学生的团队意识和训练的兴趣。

总体而言，体育教学的方法不是一成不变的，对教学技巧的灵活运用更能展现一个教师的专业素质。灵活性、个体性、人文性是高校篮球教学中必须具备的特点，高校篮球教师应对体育理论和动作的规律有十分清晰的认识，并且能准确掌握每个学生的兴趣爱好，从而做到有针对性地灵活运用教学方法。

## 三、提升高校篮球教学方法有效性的积极意义

素质教育的需要、终身体育教学思想的贯彻需求和传统教学的需要这三点主要是研究高校篮球教学有效性的意义。在实践和传统的体育教学理论中，基本技能、基本技术、基本知识被视为体育教学目标的"三基"，虽然传统的教学在现在的体育教学当中存在着诸多问题，并且和更合理的素质教育存在着较大的差异，但是"三基"教学法仍然具有坚实的科学性和可行性，高校学生要具备基本技能、基本技术、基本知识的基本要求。以此为基础，教师才能更深一步地提高学生的素质教育，并且关注学生的健康水平。

由此可见，在传统的篮球教学或现行的素质教育上，教师必须充分实现篮球教学的有效性，使学生充分掌握一项体育运动的理论知识，并且具备这一项目的技术和技能，学生通过这一项目的技能、技术训练，有助于提高自身的身体素质，从而体现出高校篮球教学的成果。因此高校篮球教学有效性体现在素质体育教学方面和对传统体育教学方面，但不应局限于此，而且还应该有所突破和创新，提高高校篮球教学的有效性和教学质量具有重要意义。

## 四、提升高校篮球教学的有效措施

### （一）篮球体能训练有效性

在高校篮球竞赛过程当中，最终制胜的关键因素就是运动员的体能素质水平，篮球运动员每天在体能训练上应提高自身的速度、灵敏度、耐力和自身力量等身体素质。因而在高校篮球比赛过程中，教师尤其重视对学生体能训练的有效教学方式，不然无法适应篮球运动的高强度训练和速度要求。由于篮球运动是一项全身心运动的项目，所以教师在篮球教学过程中，需要加强学生的身体素质训练，教师可以通过安排健身器械类运动等，来加强学生全身的体育锻炼。

高校教师在给学生讲授速度教学过程中，将学生能在复杂的动作中快速地做出正确的反应作为教学目的，因此教师可以通过组织各类的篮球比赛，使学生熟练掌握了每个动作的速度和节奏，还能增强与同学之间的配合能力，提升篮球技巧，积累丰富的比赛经验，提高动作的熟练程度。在训练学生的体能和耐力中，无论采用什么样的方式，都不要操之过急，要循序渐进、逐步提升，不要施加超强度、超负荷的锻炼方式进行训练，避免训练强度过大对学生心理造成压力起到反作用。

## （二）篮球战术的有效性

作为一项团队活动的篮球来讲，队员之间的配合显得极其重要，在训练过程中采取运球、移动、传接球、投篮、抢篮板球、防守等几个方面的基础训练。篮球战术的合理运用取决于队员之间的配合程度和默契程度，因此高校教师在教学当中，要着重培养学生的战术意识，使学生对战术体系基本特点、攻守战术之间的矛盾关系以及战术运用目的有深入地了解，整个球队的角色搭配、移动路线、站位队行、变化规律等要素都是战术体系的组成部分，教师要通过讲解和示范，让学生建立起完整的战术概念。学生掌握篮球的战术配合对打好篮球就有一定的积极作用，也可以提高学生学习篮球的兴趣和积极性。

## （三）篮球训练的有效多样性与趣味性

运球、带球跑、传接球，有一定技术含量的扣篮、上篮、篮板球等都为主要的篮球技术要领。熟练地掌握篮球各项技术才能全面提升学生的技术水平，因为篮球的训练强度比较大，所以整个的训练方式会影响到训练的效果和效率。在体育教师进行教学时，可以自由发挥，并以训练篮球的技巧为基本目的，通过打比赛的形式进行教学，以此增强训练的趣味性，激发学生的潜在能力。除此之外教师还应注意比赛时初学者和老球员的合理搭配，在学生当中形成互相帮助的学习气氛。

体育教学课程改革为新时期的体育教学注入了新力量，更有助于体育教学目标的实现，因此对体育教师也提出了更高的要求。然而新时期的学生也对体育教学课堂有了更高的求知欲望，体育教师也只有充分发挥其在教育中的改革作用才能够将体育教学课堂中的效果发挥到最大化，实现体育教学目标，高效率完成体育教学任务，提升学生的体育综合素质，为国家培养出全面发展的应用型人才。只有这样才能为我国社会注入新的力量，推动我国社会经济的发展，进而带动我国体育教学事业的蓬勃发展。

高校体育教师要着重培养学生的团队协作意识与能力，将篮球体育文化教育作为重点，将提升学生的自信心与顽强意志力作为篮球体育教学的核心。除此之外在具体的篮球教学活动中，引导学生树立正确的理想信念，使学生在篮球运动中增加对自我的认可，逐渐提升大学生的意志力，帮助学生养成良好的学习与生活习惯，树立"终身运动"信念，使大学生能够充分发挥自身内在潜力，达到各方面综合能力的提升，为今后迈向社会打下坚实的基础。

# 第五节　多元化与高校体育篮球教学

近年来随着我国综合国力日益强大，篮球人才的培养也成了各个高校发展体育人才的一大目标。现阶段我们提出了利用多元化教学模式的优势提高我国高校体育篮球教学质量和学生的综合素质。本节针对此模式的利弊及其中存在的问题展开分析研究，希望为我国的教育事业起到积极作用。

体育锻炼作为考核学生身体素质的一项基础工作，历来备受关注，经过多年实践研究也逐渐形成了合适的教育理念和教学方式。在了解到多元化教学方式的优势之后，现在的主要目标就是把这种优势带到体育的教学中，使体育教学质量稳步上升。

## 一、多元化教学模式下的高校体育篮球内涵

经过我国教育部门的不断分析研究，逐渐发现多元化教学模式在体育篮球教学中有着重大意义。多元化教育模式是利用科学的实践结果和先进的教学理念相结合，总结出一套适合我国高校篮球教育的新型教学模式。这种教学模式的优势也显而易见，它不仅可以让学生增加学习兴趣，提高学习效率，做到在篮球方面的综合提高，而且利用多元化的教学模式还可以让学生学习更加积极，且容易养成良好的篮球训练习惯等。由此可以看出多元化教学模式在篮球教学中的重大意义。

## 二、高校体育教学多元化评价意义

高校体育教学作为高校教育工作中的核心项目，我们一直对此项工作进行分析研究，找出其中存在的问题，并且不断完善。目的就是利用科学合理的教学评价对高校体育教学起到推动作用。

首先应当知道，高校体育篮球教学的目标不只是提高学生的身体素质，提高学生的篮球水平，还要在一定程度上通过篮球教学增进大学生对体育方面的理解和认知，锻炼身心做到各方面均衡发展。高校体育教学评价，相对来说是比较宏观的，并不是通过一些简单的数据就反映出大学生体育篮球能力，必须通过长时间的观察，锻炼等途径才可以得到较为完善的评价。从这一点不难看出，在高校篮球教学中发展多元化教学模式的意义。一般来说，高校篮球教学多元化的教学评价工作主要分为主体多元化、评价方式多元化及评价内容多元化。

## 三、多元化教学方式在高校体育篮球方面的运用策略

### （一）利用多元化教学方式提高教学质量

篮球是一项竞技性很强的运动，它对于球员的要求相对来说是比较高的，所以说高校体育篮球的教学就显得十分重要，在我们提出多元化教学模式之后，就要利用这种优势，根据学生的身体素质，兴趣爱好等多方面进行考虑，并且在教学过程中引入新型理念和科学方法帮助学生提高篮球技术。

多元化体育教学方式提倡在老师对学生进行篮球教学时，要根据学生的实际情况，针对学生个人的特长和身体素质制定合适的训练方案，而且老师在教学工作中，除了要帮助学生进行篮球训练之外，还要利用多元化教学的优势，帮助学生进一步认识篮球，尽可能地给学生提供接触学习篮球的机会，如：举办篮球比赛，举办名人讲座，开展高校篮球交流会等。这样不仅可以调动学生对篮球学习的积极性，而且还能提高学生的篮球实战水平和理论知识水平，开阔球员思路。多元化教学模式的主要特点就是灵活多变，我们在篮球教学中也要注意运用这一点。在训练过程中，篮球老师作为学生学习的指导者，有着非常重要的作用，在教学过程中，实时观察学生的训练状态，指出学生训练时所出现的问题，并且加以引导。除此之外，老师还需要时刻注意学生的身体承受能力，有的学生在进行篮球训练之前，身体素质和身体状态较好，所以在训练过程中可以应付常规的训练，但是有的学生可能身体素质比较差身体状态不好，如果老师布置的训练任务量过大的话，可能会超过学生的身体承受能力，这是非常危险的，不仅对学生篮球训练有负面影响，甚至对学生身心造成危害。所以篮球老师要根据每个学生身体素质的不同，为其制定适合自己的训练量。总的来说篮球训练不是机械化的，需要教师随时关注球员身体和心理的变化及承受力并及时调整出合理的训练方案，这样才能达到最佳的训练效果。由此可以看出篮球老师工作的意义重大。

除了要带领学生进行篮球基础训练之外，还要传授给学生篮球技巧，利用多元化教学方式，可以帮助学生对篮球技巧进行完善优化。举个简单的例子，我们都知道，篮球是一项多人团队运动项目，这就表明除了要求每个球员有着出色的个人素养之外，团队合作和团队的默契程度也是至关重要的。利用多元化教学方式就可以帮助学生建立团队信任，培养团队默契。可以让学生之间展开交流，探讨有关篮球的相关技巧和知识，分享自己的训练经验和心得。还可以在学生之间展开分组对抗，进行实战演练，但是需要注意的是，在进行分组时，老师作为指导员，要清楚每一个学生的篮球水平和身体素质，尽量保持双方实力相当。经过长时间的培养，学生之间增加了对彼此的了解，互相也更加信任，更加有默契，还在实战和交流中增长了自身的篮球技术水平。老师也要观察学生在实战时的表现，帮助学员分析自身的优势和不足，并帮助学生明确自己的位置，让学生找到自己在球场实战中要做什么、怎么做。

## （二）利用多元化教学模式提高学生们的学习能力和综合素质

篮球作为一项考验学生综合素质的运动，所表现出来的不仅仅是学生篮球水平的高低，还可以反映学生的学习能力及综合素质，要充分利用多元化教学的优势，在帮助学生提高篮球水平的同时，切实让学生的综合素质得到进一步成长。

在传统的篮球教学模式中，一般来说都是由老师讲解并示范，学生听和模仿，这种教学模式虽然可以让学生学会老师所讲的内容，篮球水平也会得到一定程度的增长，但是这种教学方式也存在许多的缺陷。首先这种传统的教学方式相对来说过于枯燥乏味，学生在学习过程中容易出现注意力不集中，对篮球没有兴趣等，这些因素严重影响了学生的学习质量，篮球教学中的精髓学生也很难理解。但是多元化教学方式就可以很好地解决这个问题，老师可以帮助学生详细了解篮球，帮助学生分析课堂的教学目标，为学生构建合理的篮球知识框架，让学生更深层次地理解篮球的意义。在设计篮球教学目标时，老师可以分层次进行构架，比如把篮球动作进行解剖，让学生们进行分解练习，学生在每掌握一个篮球动作后，都会有成就感，时间长了学生也就对篮球有了兴趣，训练也变得更加积极主动。除此之外，在篮球学习过程中，也可以利用多元化教学方式的优势，把篮球课分为预习阶段、学习阶段和复习阶段。在预习阶段，主要目的就是帮助学生进行堂课的内容分析，帮助学生找到这节课的重点难点；在学习阶段，就是通过老师的指导，让学生进行亲身体会，对动作要领和团队配合加深练习；在复习阶段，老师可以为学生们布置课后作业，让学生在课堂之外自主进行篮球练习，以此加深学生对学习内容的理解，加深印象。通过这几个阶段性的训练，学生在逐渐提高篮球水平的同时，也树立了学习篮球的信心。而且多元化教学还有一大好处就是让学生在自主锻炼的时候，培养了学生的独立思考能力和学习能力，这些能力除了可以帮助学生更好地进行篮球学习之外，在其他领域也有着极大的帮助。

在多元化的篮球教学中，老师还要帮助学生建立对篮球方面的掌控能力，比如说，老师可以让学生在两个篮球栏之间进行奔跑，同时进行计时，还要对篮球场地进行分析和计算，这样学生就可以在运球奔跑时，找准适合自身的路线和运球思路，进一步提高对篮球的了解，更深层次地发掘自身的潜力。

## （三）激发学生学习兴趣，设置分层教学目标

在传统的篮球教学中，老师的培养重点往往在于如何让学生拥有更好的球技，如何帮助学生提高自身的身体素质等，而忽略了如何激发学生的学习兴趣，让学生能够从心里爱上篮球这项体育运动。这一点也是十分重要的，如果说学生真正对篮球产生了兴趣，在篮球训练过程中，就可以不断揣摩，不断进行独立的分析研究，篮球水平才能真正得到质的飞跃。

多元化教学方式就很好地弥补了这一方面的缺陷，在实际的篮球教学过程中，老师可以从多方面观察学生，在训练中帮助学生找到其优点和缺陷，并对其不断进行完善。这样

学生就更容易了解自身，了解篮球运动。而且多元化的教学方式，还可以针对不同水平的学生设立教学目标，学生在有了教学目标后，训练篮球就会有动力，而且由于多元化教学方式的多变性，所以设立出来的教学目标也是不固定的，可以根据学生的篮球水平和身体素质的改变随时做出调整，保证学生在学习篮球的过程中，始终充满新鲜感，学生学习才会有着源源不断的动力。

篮球归根到底还是一项团队竞技运动，各个高校要利用多元化教学的优势，多组织学生之间的对抗，在实战中磨炼学生，在比赛中提高学生的篮球水平。这不仅可以帮助学生培养学习兴趣，还能激起学生的好胜心，让学生在训练和实战中感受篮球的魅力。并且引申到各个领域，让学生感受生活的意义。

## 四、多元化篮球有利于学生的身心健康

现阶段我国的中小学生有着很大的升学压力，大学生虽然没有升学压力，但面临就业、考研、专升本等各方面的社会生活压力，这些压力久而久之就会产生负面情绪，导致学生在学习和生活中逐渐压抑。所以对于高校的老师们来说，虽然学生的学生成绩很重要，但还要通过不同的方式改变学生的生活态度，帮助学生减小压力。多元化的体育篮球教学就是一大途径，它可以从学生的各个方面进行分析入手，帮助学生培养课外兴趣爱好，陶冶情操。而且在篮球训练中，有着较高的训练量，学生可以在篮球场上尽情挥洒汗水，从而减小自身压力。在教学过程中，老师还要观察学生的情绪状态，不断对学生进行疏导，把篮球训练与心理健康进行联系，把篮球训练变为学生发泄情绪的一种健康方式。

在这个飞速发展的时代，我们的教学方式也要不断做出改变，多元化教学方式作为经过反复分析研究的一种新型教学方式，在高校篮球教学中无疑有着重大意义。在高校篮球教学中，应当充分利用多元化教学的优势，帮助学生培养篮球兴趣，提高篮球水平，进而使学生的综合能力得到升华。但是多元化教学方式并不是说百利无害，其中还存在着很多的缺陷和漏洞，老师在进行篮球实践教学中，还是要根据学生情况等因素进行修改，不断完善教学方式。

# 第六节　高校篮球教学机制的思路

近些年来，随着我国高等教育体制改革的不断深化，关于高校体育教学质量的问题也受到越来越多的关注，篮球作为高校体育教学体系的重要组成部分，在教育方法和教学思路等方面也需要进行不断调整，才能适应新课程改革的形势，促进教学效率的有效提升。通过高校篮球教学机制的发展与完善，树立全新的教育理念，实现大学生终身体育意识和健康意识的培养。本节就主要针对高校篮球教学机制的发展思路等相关的问题进行简单的分析。

篮球运动是一项普及程度较高的运动项目，而且深受大学生的喜爱，所以关于篮球教学的相关问题在社会领域和教育领域的关注度都相对较高。大学生经常参与篮球运动可以显著增强身体素质，而且在篮球比赛的过程中强化团队协作意识，有利于培养大学生的独立思考能力。在高校篮球教学中，需要构建完善的教学机制，采用科学的教学方法，才能促进篮球教学质量的提升，让学生在掌握篮球技能的同时获得良好的身心体验，从而促进高校篮球教学活动的持续开展，推进高校体育教育目标的快速实现。

# 一、高校篮球选项课教学中存在的问题

## （一）篮球教学的目标设计不科学

受传统的教育观念影响，在高校篮球教学的目标设计方面缺乏足够的科学性，大多教学目标的设计都以技能考核为主，因此忽略了理论知识的教学，所以教师在教学的过程中往往是将更多的精力和时间用来帮助学生进行技术的学习和强化，而且存在很多机械性的动作练习，学生在学习的过程中也只能单纯的模仿和反复的练习，容易打消学生学习的积极性。另外，高校在篮球教学设施的配备方面也缺少足够的重视，只有一个教学场地和几个篮球供学生练习，缺少科学的训练设备，加之教学方法的滞后，无法在课堂中形成浓厚的学习氛围，学生也无法在篮球学习中得到快乐的身心体验，所以使得篮球教学的质量无法得到明显提升。

## （二）缺乏科学的理论体系做指导

从当前高校篮球教学结构的设计来看，相当一部分教学设计都是围绕篮球技能学习方面，但是却缺乏一个系统的、完整的理论体系，所以很多学生虽然掌握了一些技能和技巧，但是对其原理以及应用策略却知之甚少，所以在参与篮球运动时缺乏灵活性，无法根据赛场上的形势变化及时调整技战术，这也是影响高校篮球教育水平的一个重要因素。篮球运动是一项充满竞技性和娱乐性的运动，不仅需要个人具备较高的技战术运用水平，而且需要与其他成员团结协作，通过有效的配合完成比赛。当前的篮球教学缺乏系统的理论指导，使篮球教学成为简单的教师示范、学生模仿的重复过程，无法激起学生的学习兴趣，尤其是女学生，本身对于篮球的学习兴趣就不大，在这种教学模式下更加无法产生学习兴趣。另外，对篮球运动缺乏正确的认知也是影响学生学习热情的一个主要原因，教师很少在课堂上开展关于篮球教学的理论讲解，如何通过篮球运动培养学生的团结协作精神、如何正确认识篮球运动在增强身体素质方面的作用等等，没有将这些内容融入教学活动中是篮球教学的一个缺陷。

## （三）教学方法陈旧

很长一段时间以来，篮球教学都是采用教师示范、讲解，学生模仿、反复练习的教学模式，缺乏创新性和突破性，而学生也习惯了模仿教师的动作，因此而导致学生的创造力受到影响，应变能力不强。在篮球教学中涉及很多技能学习，如基本姿势、控球、运球、传球、投篮等等，每一种不同的技术与战术之间都需要灵活运用与配合，才能在赛场上取得胜利。但是目前广泛应用的千篇一律的教学方式显然缺乏针对性和可操作性，经常使篮球教学课堂陷入无限的重复练习中，学生对篮球运动的热爱程度也不断被消磨，在这种形势下，有必要对篮球教学进行必要的改革，形成科学的教学机制，才能促进篮球教学效率的显著提升。

## 二、影响高校篮球教学改革的因素

### （一）政策与法规

政策是高校教学活动顺利开展的基础和保障，同时也是高校教育活动的指导性文件，只有完善的政策体系才能保证高校篮球教学的积极开展。在高等教育体制改革不断深化的背景下，国家先后颁布了包括《全国普通高等学校体育教学指导纲要》等纲领性文件，不仅对高校体育教学的方向做出了明确的指导，同时也客观地分析了体育教学面临的机遇和挑战，这些都为高校篮球教学的开展提供了足够的保障。

### （二）高校体育教学资源

体育教学资源包括高校的人力资源与物力资源，人力资源指的是高校的师资力量以及教育活动的组织与管理人员队伍，他们对体育教学的重视程度直接影响高校篮球教学是否能够顺利发展，同时也关系国家的方针政策是否能够得到有效实施、教学方法与教学模式是否能得到科学的构建等等。物力资源更多的是针对篮球教学的资金注入和设施配备，这是影响高校篮球教学的硬件条件。这两个方面的因素对于高校篮球教学的发展有着至关重要的影响，只有转变思想、加大资金投入，才能为篮球教学创造良好的条件。

### （三）教学内容与教学方法

篮球教学的内容设计与教学方法的实施是影响其教学质量的直接因素，在实际的教学活动中，需要根据篮球运动的特点以及高校体育教学的目标要求，对篮球教学的内容进行科学的规划，同时设计有针对性和操作性的教学方法，让学生在获得学习的同时充分感受到篮球运动的娱乐性。同时在课程的设置方面，除了篮球实践教学以外，还需要安排科学的理论教学内容，通过理论课程的开展完善学生的知识体系，将篮球理论与篮球实践有效结合，才能使学生具备更加扎实的基础，才能在参与运动时更好地完成技战术的有效配合运用。

## 三、高校篮球教学机制的建设与完善思路

### （一）树立全新的教育理念指导篮球教学改革的顺利开展

高等教育改革的实施注重的是教学理念的更新、教学方法的创新，同时注重的是学生综合素质的提升，不仅要促进学生身体素质的增强，更要实现学生的身心健康发展，培养大学生主动参与体育运动的意识，同时养成终身锻炼的习惯，所以无论是高校的管理者还是教师，都需要改变传统的思想，树立全新的教育观念，才能指导教学活动的有效开展。具体地说，要根据篮球运动的特点，在充分调动学生学习兴趣的基础上，充分体现篮球运动的娱乐功能，适当淡化其竞技功能，从而将以往单纯注重技能教学的思想转变为注重大学生团结意识、锻炼意识的培养，使大学生通过参与篮球运动获得健康的体魄和良好的心态。

### （二）设计科学的教学目标

科学的教学目标是保证教学活动顺利开展的基础，所以高校篮球教学需要充分利用有效的教学时段结合高校的实际情况进行设计，才能保证教学目标的科学性。教师需要根据教学大纲的要求，了解篮球教学的基础目标，并且从当前高校体育教学活动的开展状况出发，结合篮球教学的设施配备情况进行教学目标的设计，这样才能使教学目标更加清晰和明确，使学生也可以了解不同阶段的学习方向，从而在学习的过程中更有针对性。大学生参与篮球学习时需要掌握篮球运动的技术与战术，并且在练习和比赛中进行灵活运用；同时也要掌握篮球技能的相关理论，包括基础知识、篮球规则、裁判规则等等，当学生掌握了这些理论基础，就可以学会欣赏篮球比赛并且在比赛中看懂技战术的运用，从而积累经验指导自己的实践活动。同时，篮球运动是一项需要成员之间互相配合才能完成的运动，所以要注重大学生团结意识和拼搏意识的培养，在篮球教学中可以适当增加一些锻炼协作性的游戏，学生在参与游戏的过程中不仅可以掌握技能和技巧，也可以达到综合素质的提升。

### （三）注重学生学习习惯和能力的培养

高等教育改革强调的是学生身心健康发展，而高校篮球教学活动的开展不仅要增强学生体质，更要注重大学生的心理健康，强调的是健康第一、终身体育意识培养，同时在教学活动中还要注重以人为本教育理念的渗透，只有这样才能保证篮球教学目标的实现。高效篮球教学中，应当将篮球视为一种文化，通过篮球运动可以进行大学生行为规范、意志力、道德品质以及思想素质等方面的提升，所以篮球教学绝不仅仅是技能与技术的学习，更重要的是在参与篮球运动的过程中培养大学生对篮球的兴趣，并且使他们在参与篮球运动的过程中得到心理素质的强化，养成良好的运动习惯和学习习惯，这才是高校篮球教学

的根本目标。在篮球教学活动中要始终坚持以人为本，强调学生的主体地位，让学生可以通过篮球的学习获得身心健康发展，以此为目标进行篮球教学内容和教学方法的调整，有利于促进篮球教学机制的完善。

## （四）科学的考核评价制度

考核制度的建设是教学机制的重要组成部分，通过篮球教学考核系统的建设可以对篮球教学的成果和学生的学习成效做出科学的评价，形成相应的数据信息，并且以此为依据为后续教学活动的开展提供参考，有利于提高篮球教学的有效性。高校篮球教学考核机制中应当包括篮球的理论知识、篮球技术方法的掌握与运用以及各种能力发展，这是适应高校教学改革的必然选择，所以要重视考核评价机制的构建。在评价内容方面，应当包括平时成绩、篮球理论成绩、技术评定成绩，分别针对学生不同阶段的学习成果做出全面衡量和综合评价，同时要确保考核指标的构建具有科学性，这样才能充分调动大学生学习的积极性、自觉性和主动性，同时有助于调动大学生的参与意识，特别是有助于促进大学生锻炼习惯及终身体育的形成，真正通过高校篮球教学的改革，提高大学生的身心健康水平。

综上所述，为了适应高等教育改革的要求，高校篮球教学无论是在教学目标还是教学方法方面，都需要进行适当改革，通过有效的措施促进篮球教学机制的完善，为高校篮球教学的有效开展提供足够的依据和保障。通过高校篮球教学机制的建设，可以为高校体育教学的发展目标提供更多动力，提高体育人才的培养质量，使大学生在身体素质得到强化的同时，实现身心健康发展和综合素质的提升。

# 第二章 高校篮球教学模式研究

## 第一节 高校篮球分层教学模式

当前时代，我国的教育改革步伐愈来愈快，传统的篮球授课模式对当前教育发展的要求捉襟见肘，创新的授课方式是高校篮球教育发展的重要手段。为了满足当前教育改革的教学要求，紧跟时代步伐，全方位提高学生素质，分层教学模式扮演着举足轻重的角色。本节首先通过对分层教学模式的含义和其应用价值进行阐述，明晰分层教学模式的相关教学原则和在教学中的运用方法，最后提出其在篮球教学中的应用策略。结合高校篮球教学实践，通过将分层教学理论与高校篮球教学方法相结合，提高高校篮球课程教学水平和教学质量，促进分层教学模式在高校体育教学中的运用与实施，以期为高校其他项目体育选项课教学提供参考。

### 一、分层教学的含义及价值

分层教学，从其本质而言就是一种递进的、分层次的新型教学模式，将每一个学生作为独立个体看待，以学生的生理和心理差异为出发点展开的针对性教学，其实质就是一种有计划、分层次、分阶段的教学模式。由于当代大学生在先天素质、体育素养、篮球水平等方面存在客观差异，体育教师在进行课程教学时，应根据学生间的差异性和教学资源，对学生进行有针对性的分层教学，通过针对不同能力、水平学生适当调整教学内容，做到因材施教，促进学生对于篮球技术的掌握和体育兴趣的培养，促进学生终身体育习惯的养成。高校教师在体育课程中教学分层教学时，应充分结合高校体育的目标和功能，充分借助体育课程的实践性和教育性特点，在促进学生运动技能学习和体质发展提升的基础上，对学生运动参与、心理健康和社会适应等方面进行培养，充分发挥体育课程的隐性功能，倡导学生在体育课程学习过程中相互帮助、共同进步，促进学生提高篮球水平，培养体育兴趣，养成运动习惯，培养学生良性竞争与合作的意识，为进入社会更好的发展打好基础。

## 二、高校篮球课程教学现状分析

篮球运动作为一项深受大学生喜爱的团队类体育项目，包含着跑、跳、投等基本身体活动，对于提高大学生身体素质，培养大学生体育兴趣与体育习惯具有重要教育意义。

现阶段，高校篮球运动教学主要存在以下问题：在教学目标上，教师对篮球技术及身体素质重视程度较高，对学生团队合作能力、运动体验未充分重视；在课程内容上，课程教学仍停留在篮球技术学习，教学比赛在课程教学中的课时不够；在教学方法上，仍以"教师示范——学生模仿"传统体育模式为主，导致学生课程投入度不高；在教学实施上，教师未能充分重视学生个体差异，导致部分学习基础较差的学生学习动力不足，学习效果较差。

## 三、高校篮球教育分层教学的原则

随着现代体育观念的持续深化，篮球运动已成为高校体育的一门重要课程，该课程的根本目标也是为了促进学生在篮球运动中收获快乐，并且锻炼身体获得强健的体魄。但从生活实际中来看，每个学生的身体天赋、素质、领悟能力等方面都存在着不同程度的差异，这也导致了同班级学生篮球水平参差不齐。如果按照传统的以教师为中心的灌输式的统一教学模式进行教学，教学效果肯定会大打折扣。因此，采用分层教学模式来满足现代教学的要求是客观和必要的。

### （一）因材施教原则

对于个性化理念，孔子在春秋战国时期就提出教育应该满足学生的兴趣，有针对性地教育。宋代朱熹提出"圣贤施教，各因其材，小以小成，大以大成，无弃人也"。大学生由于其先天身体素质、领悟能力、体育基础、体育爱好、运动习惯等因素存在差异，高校体育教师在进行课程教学时，应提前对学生进行学情分析，了解不同学生的个体差异与体育基础，通过在课程设计中运用分组教学、分层教学的教学方法，解决学习基础较差的学生对于运动技术的掌握，同时，通过开展小组互教互学，让运动基础较好、运动水平较高的学生进行学生间互教互学，促进运动技术较高的学生运动技术的掌握与巩固，增进学生间的沟通与交流，促进学生沟通表达能力与团队合作能力的提升。

### （二）主体性原则

在篮球教育教学的过程中，高校教师要把握教学方向，主动发挥作用，以体育学习为前提、学生全面发展为根本，将学生每个个体进行主体最大化，以每个主体的差异性为基础，相应地制订教学目标和教学计划，解决学生在体育教学中"吃不饱"与"不够吃"的问题，使每名学生能够学有所得。例如，在分组比赛中，教师应根据学生的不同运动水平进行分组，并适时调整分组和人员配备，使不同运动水平的学生都能获得胜利的运动体验，促进学生篮球运动兴趣的提高。

### （三）激励性原则

格马利翁效应反映了期望和爱在促进学生学习热情方面的巨大作用。当然，不仅是赞扬、鼓励、奖励、期望和爱的积极强化，也包括适当的批评等消极强化。在个人心目中重要人物的鼓励提升作用大于普通人。一般来说，学生心目中教师是较为重要的角色，基于此，老师在体育课程中应充分重视对学生的激励，通过对不同运动水平学生采取不同的教育激励方式，激发学生学习篮球的兴趣。例如，在技术练习中，教师有目的地将水平较高的学生与水平较低的学生分成一组，通过团队的练习与学习，使水平较低的学生也能体会运动的乐趣、团队的力量和胜利的体验，促进学生的全面发展。

### （四）动态性原则

世界万物都是动态的，体育课程教学亦是如此。学生的成长每时每刻都在发生变化，教师要以动态发展的眼光来看待学生，针对学生的学习效果、课堂表现、进步程度，合理调整教学内容，为不同运动水平的学生课程学习内容设定"最近发展区"，并根据学生运动技能的掌握，适时调整学习内容与教学方法，促进学生学习动力的保持与技术水平的提升，通过运用激励性教学语言与方法，使学生充分感受篮球运动的乐趣，在体育运动中获得成功感、获得感，促使学生自我效能感的提升，促进不同运动水平学生全面发展、共同进步。

## 四、高校篮球教育分层教学实施策略

### （一）教学目标分层，加强教学针对性

当前，体育教师在教学实践中，通常都是以教学大纲的模板来制订教学计划和教学内容，但是这种"一锅煮"教学方法会让教学效果大打折扣，对基础较弱、素质较差、学习较慢的学生造成打击，影响其学习兴趣。相对来说，运用分层教学模式，体育教师可以在充分了解每个学生的身体素质和篮球基础的基础上，根据学生的具体情况调整教学计划、目标和内容，动态且灵活，极大地促进了基础较弱的学生学习篮球的兴趣，提高教学质量。所以，高校篮球教师按照教学大纲设计教学内容时，也需要根据分层教学法，将学生分成不同层次，确保每个学生都能找到适合自己的学习方法和训练方式。

### （二）教学内容分层，提高教学有效性

在对教学目标进行分层的基础上，篮球教学授课内容也应进行相应的分层，在多元化

教学内容设计的基础上，针对学生体质差异和运动基础不同，对不同层次的学生设计相应的教学内容，通过优化教学过程，创新教学方法，在有限的课堂教学时间内充分满足不同运动水平、学习基础学生的篮球运动学习需求，在课程教学中贯彻"以学生为中心"的教学理念，因材施教，有的放矢地开展教学设计，运用多种体育课程教学方法开展教学实施，促进课堂时间的有效利用，充分尊重学生的个体差异，给予学生个体发展更多的自由空间，从而确保教学目标的有效实现。

### （三）教学评价分层，丰富教学获得感

基于对学生与教学过程和内容的分层，继续使用传统一视同仁的教学评价模式，不仅会严重打击学生主动性，而且会降低最终的教学效果。基于此，教学评价分层是高校体育教师在篮球教学中应做的最后一项重要工作，教师应针对不同层次学生区分评价方法和评价指标，杜绝否定性语言，多使用激励性语言对学生进行评价，促进课程教学评价的多样化与多元化，促进学生的学习获得感与个体满足感，注重学生运动体验与自我效能感，促进学生身心全面发展。

综上所述，在素质教育普及的今天，高校体育教师应树立以人为本的教学目标，紧跟教育改革步伐，践行以学生为中心的教育理念，在课堂中敢于创新教学方法与组织形式，充分借助体育课程对大学生的教育目标，通过分层教学模式进行篮球教学，更好地发挥教师在教学组织中的作用，提高教学质量，要以正确的眼光看待每名学生的差异性，并以此为立足点，合理确认教学目标、设计教学计划、改善教学内容，有针对性的开展教学活动，培养大学生体育兴趣，促进学生体质提升，实现学生终身体育习惯养成。

# 第二节 高校篮球俱乐部教学模式

篮球俱乐部这种教学模式对于我国高校的体育教育有着非常重要的作用，它适合我国高校体育教学与校园体育活动的特点，符合高校体育教学改革的发展要求。这篇文章就是对篮球俱乐部教学模式在我国高校体育教学建设中的作用进行分析。

高校篮球俱乐部这种教学模式是根据学生对篮球教学的需求，以及学生自己的兴趣爱好和特长，形成的一种新型的教学模式。这种教学模式，可以通过开展篮球比赛活动，让学生掌握篮球技能，培养学生对篮球的兴趣。高校的篮球俱乐部模式，与商业性的俱乐部是不同的，这种教学模式符合篮球教学的规律，可以利用课余时间组织一些有益的活动，提高学生的篮球技巧，让学生得到更好地培养。

# 一、篮球俱乐部教学模式特点

## （一）灵活性的特点

在传统的篮球教学过程中，每个学生接受的教学方法和教学内容都是一样的，对于篮球基础好的同学来说，可能会因为教学内容过于简单，提不起学习兴趣。而对于篮球基础较差的同学，可能会觉得教学内容难度过大，跟不上教学进度。在传统教学模式中，老师只注重自己的教学进度，很少会考虑学生到底掌握了多少。这种教学模式过于死板，教学方法单一。应用篮球俱乐部的教学方法，可以根据学生的实际能力与学习情况，制定有针对性的教学内容，通过教学、训练、比赛，提高学生的积极性。在篮球俱乐部教学模式中，可以让分层教学法得到很好的应用，根据学生的篮球水平进行分类，按照不同的分类，安排最适合的教学内容与教学方法，让每个学生都可以进步。

## （二）全面性的特点

采用篮球俱乐部的教学模式，可以更好地提高学生的篮球技能，这种教学模式对老师的专业技能要求是非常高的。通过组织篮球比赛，让学生在实战中提高自己的能力。在比赛时，老师可以安排学生当裁判，让学生对篮球规则更好地掌握，提高自己的裁判技能。老师还可以要求学生自己组织比赛活动，提高学生的组织能力和管理能力。因此，篮球俱乐部的教学模式可以让学生各个方面的能力得到提升，对于学生的全面发展有非常重要的作用。

## （三）自主性的特点

在传统的教学模式中，学生只能按照老师的教学进度进行学习，完全跟着老师的教学节奏走，这样不利于学生篮球能力的提升。有了篮球俱乐部的教学模式，学生有了更多的主动性，可以自主选择学习内容，老师根据每个同学的能力大小制订适当的学习计划，让每个人都能有最大限度地提升。在篮球俱乐部教学模式中，学生是教学的主体，老师作为学习的指导者，让学生可以充分发挥自己的学习激情，不断提高自己的能力。

# 二、篮球俱乐部教学模式建立的过程

## （一）教学程序的建立

要建立篮球俱乐部教学模式，高校的体育部门就要安排专业技能较强的老师作为俱乐部的领头羊，学生可以自主选择学习的导师。篮球俱乐部要有好的学习环境，建立集完善、竞技、兴趣于一体的教学模式，让学生可以愉快地学习。这样既能完成高校篮球教学任务，还能真正提高学生的篮球技能。

## （二）教学方法的选择

篮球俱乐部的建立还要有好的教学方法，这样才能实现共同的教学目标，完成共同的教学任务。在篮球俱乐部教学模式中，学生应该是主体，老师作为学生学习的引导者，在教学时要加强学生技能的培养，通过训练与比赛增长学生的专业技能，做到课内外相结合。

## （三）教学内容的确立

篮球俱乐部的教学模式需要一种自主的学习氛围，所以教学内容的制定是灵活的，丰富多彩的。不仅要加强学生专业技能的培养，还应该重视理论的教学，让学生可以系统地掌握篮球知识。注重对学生体育能力、运动习惯和意识的培养，提高学生的专业素质，把学生培养成真正的人才。

# 三、高校篮球俱乐部教学模式的运行机制

要把培养学生的体育技能、体育兴趣和树立终身体育精神作为篮球俱乐部运行的指导思想，充分调动学生的积极性、主动性和创造力。建立良好的学习氛围，让学生可以在竞技的环境中提高自我。有了篮球娱乐部教学模式，可以丰富校园文化生活，创造良好的育人环境，这对于培养人才、选择人才有非常大的促进作用。篮球俱乐部的发展是体育教育的延伸。它是以学生的年级为单位设置教学训练，每个年级有自己的实际情况，采用分层教学的方法，可以避免学生兴趣水平不均衡的影响。培养学生的判断能力是篮球俱乐部教学和训练的重要组成部分。篮球竞赛规则的制定，教师可以判断讲解详细，安排比赛教学让学生裁判练习，教师指导临场指导的问题，及时纠正，从而提高学生的裁判能力。

高校篮球俱乐部这种教学模式是根据学生对篮球教学的需求，以及学生自己的兴趣爱好和特长，形成的一种新型的教学模式。通过这种教学模式，可以通过开展篮球比赛活动，让学生掌握篮球技能，培养学生对篮球的兴趣。高校的篮球俱乐部模式，与商业性的俱乐部是不同的，这种教学模式符合篮球教学的规律。可以利用课余时间组织一些有益的活动，提高学生的篮球技巧，让学生得到更好地培养。篮球俱乐部教学模式具有灵活性、全面性和自主性的特点，可以让学生更好地学习专业知识。篮球俱乐部教学模式，是高校体育教学改革的重要产物，这种教学模式符合高校体育教学发展趋势，为培养专业人才提供了良好的平台，不仅能够提高学生的专业素养，提升篮球技能，还有利于学生的全面发展，极大地推动了我国高校体育教学的发展进程，这种教学模式适合我国高校体育教学与校园体育活动的特点，符合高校体育教学改革的发展要求。

# 第三节　新媒体高校篮球教学模式

随着我国科技水平的不断发展，现在我们已经进入信息高速前进的时代，新媒体已经慢慢融入我们的日常生活之中，尤其是教育事业，新媒体在教学当中的应用为我国的教育事业发展带来了新的生机和方向。在高校篮球教学当中，新媒体的应用使传统的教学模式有了新的创新空间和改进的方式，高校的篮球教学在体育教学当中起着重要的作用，可以培训学生对于体育运动的兴趣，并且可以增强学生的体质，新媒体时代的发展，使我国的高校篮球教学模式得以创新，本节针对新媒体时代高校篮球教学模式的创新给出建议，并对现阶段高校传统篮球教学模式中存在的问题进行了分析以及给出了新媒体时代下的解决创新手段。

新媒体时代的到来，在高校篮球教学当中采用传统的教学模式已经没有办法适应学生的教学需求，在新时代下，高校篮球教学发展现状并不乐观，也给日常的教学工作带来了很大的困难和挑战，对于新媒体我们并不陌生，因为它已经成为高校学生日常生活中必不可少的一部分。在高速发展的信息时代，新媒体可以为高校学生提供大量的最新的信息，在某种程度上可以协助高校学生进行更好的课程学习，但是在学习的过程当中很多高校学生还是利用新媒体进行游戏娱乐，这就会使得学生的学习成效受到影响，所以新媒体时代在对高校篮球教学中，要采用正确的教学模式对学生进行指导，对教学模式进行创新，调动高校学生的篮球学习热情。

## 一、传统高校篮球教学模式现状分析

### （一）教学内容及模式过于单一

根据现阶段的教育体制改革，高校篮球教学在高校的体育课程当中有着非常重要的地位，并且在体育课程安排中，篮球课程已经正式地加入到体育课程当中了，并对学生的篮球成绩有所要求，但从目前的情况来看，高校在进行篮球教学时仍有很多地方需要改进，尤其是在教学的内容和模式方面，由于高校篮球教学加入课程学习时间比较短，所以现在教学的内容相对于其他的课程还过于单一，没有系统的教学模式步骤，大多是对其基本动作进行教学，缺乏全面性，这就使得高校学生很难学习到深入的技巧，从而达不到比较正规教学内容标准，进而没有办法取得比较满意的成绩，失去对篮球课程的学习兴趣，使成绩得不到保障。

### （二）太依靠于书本，忽略学生感受

在传统的篮球教学模式当中，高校存在的一个最大的弊端就是老师在进行课程讲解时

多是依靠于书本教学，书上怎么说就怎么去教，很难有自己的创新内容，教学的目的就是一味地提升学生的篮球成绩，并不注重高校学生在学习篮球课程当中的真实的感受，而课程的安排也过于简单，其实我们对高校学生进行篮球教学，主要的教学目标是培养学生对篮球项目的兴趣爱好，从而带动高校学生运动的意识，增强学生的体质，提升高校学生的综合素质，所以在教学当中保证成绩是一方面，最重要的还是高校学生学习体育项目的兴趣和热情。

### （三）课程直观性较差，不便于学生学习

学习篮球课程时，我们可以发现，一般在课堂上是老师对篮球的某个动作进行讲解和演示，但是示范的时间是较于短暂的，对于理解能力强的学生来说可能练习起来比较容易一些，但是对于理解能力和实践能力都比较差的学生来说，对于正确动作的把握就不会做得那么好，而且只是通过比较短暂的课上时间去进行锻炼和学习会很容易产生遗忘，这非常不便于高校学生进行学习记忆，这就导致高校学生无法达到理想的篮球学习效果。

## 二、新媒体时代对高校篮球教学模式的影响

### （一）积极影响

在高校篮球教学当中，新媒体对其的积极影响还是比较多的，其积极影响主要表现在以下的几个方面：

（1）首先新媒体为学生们的日常学习生活带来了便利，新媒体时代是信息时代，高校学生可以通过信息进行交流沟通，尤其对于篮球教学来说，可以通过互联网去查询篮球的相关资料，使自己对篮球教学更加了解，从而培养其对篮球教学的兴趣爱好。

（2）新媒体可以为高校篮球教学提供很好的互动平台，在这种互动模式下，同学之间可以进行良好的沟通，可以通过这种方式分享自己的学习经验，或者是提出自己遇到的困难，进行互相学习，互相进步，这样在某种程度上也降低了教师的辅导压力，同时，教师也可以通过互动平台对学生的学习成果进行分析和了解。

（3）新媒体是一个很好的传播途径，可以通过新媒体教学让高校学生对篮球知识更为了解，从而培养他们的学习热情，提升运动的意识，将正确的体育观念传播给更多的人，从某种程度上来说，这有利于宣传全民运动的实践。

（4）新媒体除了给学生提升便利以外，为教师也带来了创新的思维，教师可以通过新媒体进行篮球教学模式的创新，找到更适合高校学生进行篮球学习的教学方案，使教学的质量有所提升和进步。

### （二）消极影响

新媒体应用到篮球教学当中，有利自然就会有弊，虽然新媒体对于篮球教学有着非常

积极的作用，但还是存在一定的弊端，其消极的影响主要表现在以下几个方面：（1）容易对高校学生的价值观产生影响，新媒体时代信息传播的速度是非常快的，并且所传播的内容涉及面非常的广也非常复杂，而且很难进行监督管控，所以这会使得某些高校学生受到不良信息的影响，造成对高校学生的误导，形成错误的价值观念；（2）影响高校学生的身心健康，由于新媒体信息网络的方便性，使高校学生可以通过网络就可以做到很多事情，这会使高校学生对网络产生依赖的心理，从而变得不愿意直接与人接触，当情况比较严重的时候就会对高校学生的心理造成影响；（3）容易对学生以及教师带来错误的信息误导，网络信息是比较复杂的，当我们输入一个关键字可能会出现很多不同方面的延伸，在这些信息当中往往就会出现错误的信息，所以在应用新媒体时，就有可能会出现错误的信息，对学生会造成思想观念的转变和误导，而对于教师来说，很有可能使教学的内容和实践结果受到比较严重的影响。

## 三、新媒体时代高校篮球教学模式的创新手段

### （一）利用新媒体进行篮球教学实践活动

新媒体在篮球教学当中有很多的变换模式，教师可以通过新媒体对篮球教学进行不断地优化，再有多开展实践活动，这样可以使高校学生参与到篮球教学当中，增加对篮球教学的熟悉度。例如教师可以通过微信、人人等一些社交方面的软件对高校学生进行篮球教学的指导和调查，可以询问高校学生在课程学习当中遇到的困难，并做好相应的总结，在下一次课程当中进行重点讲解或者是实践，教师要善于打破传统的教学模式，传统的教学中课程结束后教师与学生就会产生零沟通的现象，使学生有问题也没有机会提问，所以教师要将网络实践和传统的教学相结合起来，要对学生的课后学习成果做好相应的了解，这样才可以帮助学生进行更好的学习，从而提升学生的篮球技能，并且可以通过课后沟通的方式，根据学生的建议找到自己在教学当中的不足，优化自己的教学内容，提升课程的学习质量。

### （二）在传统教学中取其精华去其糟粕

时代在不断地进步，传统的教学模式已经没有办法适合当下高校学生的教学发展了，在传统的教学模式当中，我们不可否认，有些内容是非常宝贵的，像是课程的时间编排等等，所以在适应新时代发展的同时，我们要学会将传统教学模式当中好的内容进行保留，不好的内容进行舍弃，结合新媒体时代的发展，将我们的传统教学模式进行优化，新媒体为高校篮球教学带来了新的机会，所以我们要不断地进行改善，找到适合高校学生发展的教学模式，我们可以开展座谈会、篮球比赛等种种方式，积极地调动高校学生对篮球运动的兴趣和爱好，通过新媒体对其进行普及和熏陶，从而让高校学生从潜意识里养成学好篮球的意识，从而调动高校学生对体育运动的热情。

## （三）善于创新篮球教学模式

随着新媒体时代的到来，高校的篮球教学模式面临着新的机遇和挑战，为了适应时代的发展，只有通过不断地创新才可以突破现状。创新，可以使传统的教学模式和新媒体相融合，创新意识可以适应学生的发展现状，所以在高校篮球教学当中，在教学当中，我们不能仅仅依靠书本知识进行教学，我们要根据书本进行创新，找到适合学生学习的模式，我们要从教学方式方法，教学模式上去进行创新，多进行研究，培养教师和高校学生共同创新的教学理念，这可以有效地培养高校学生对篮球课程的学习意识和兴趣度，并通过创新的教学理念平衡师生的关系，达到体育教育的最终教学目标，使每一位高校学生可以得到全方位综合素养的提升。

## （四）通过新媒体对篮球教学进行拓展

传统篮球教学当中，单一的教学模式一直是我们想要突破的一个问题，在新媒体时代的影响下，我们对高校篮球教学模式有了更多的思考和拓展方向，像微博、微信等一些软件的应用，高校学生只要通过手机或者电脑就可以与同学和教师进行实时的交流，通过新媒体可以将篮球教学的视频分享给每一位学生，这样可以使高校学生即使在课下的时间也可以对篮球知识进行学习和应用。教师可以通过课程群等一些方式方法让每一位高校学生都可以参与篮球教学的每一个步骤，在群内可以发布作业、视频，还可以对不懂的篮球知识进行探讨，这可以调动高校学生的学习主动性，并且通过思考开拓高校学生的学习思维，使高校学生对篮球教学有更浓厚的学习兴趣。

## （五）建立教学评价系统

新媒体教学不仅可以应用到课程的实践教学当中，还可以对教学工作进行合理的总结和分析，在高校篮球教学当中，建立合理的教学评价体系，可以快速地了解到教学的实际成果。在教学当中，学生是学习的主体，我们通过建立评价问卷等等可以了解高校学生对篮球课程的真正学习感受，并根据学生的反馈情况进行总结，找到现阶段教学当中存在的比较集中重点的问题，并找寻解决的办法，这样可以有效的帮助教师提升课堂教学质量和自己的教学能力，并且可以通过评价体系对整体的篮球教学进行完善，使篮球课程更严谨，从而通过改进对高校学生做正确的学习引导，使高校学生可以对篮球教学有比较深刻的认识，并进而使其有运动的意识和提升自身身体健康的思想观念，以达到高校篮球教学的最终教学目的。

新媒体时代给高校的篮球教学模式带来了无限的可能和发展空间，在传统的教学模式当中，有很多的问题是需要我们去进行改善的，因为有些传统的教学模式已经无法为高校学生提供优质的课程体验和环境，所以利用新媒体可以将传统的教学模式中存在的不足进行很好的改善，新媒体在高校篮球教学当中起着非常重要的作用，它为高校学生和高校教师之间搭起了更好地沟通桥梁，新的教学模式，可以使高校学生对篮球教学有更多的探知欲和学习兴趣，并通过创新，可以使高校的篮球教学更趋于完善，也可以使高校学生在新媒体篮球教学下得到更好的学习效果和体验。

# 第四节　高校篮球课教学中运动教育模式

随着我国素质教育不断改革深入，我国体育教学事业的发展也取得了很大的进步。篮球是深受学生喜爱的一项体育运动项目，也是体育教学的一项基本内容。为了更好提升学生的身体素质水平及篮球技能水平，调动学生学习篮球的积极性，培养学生体育运动的热情，高校篮球教学应该改变传统的教学模式，增强课堂教学的趣味性。本节对运动教育模式在高校篮球教学中的应用意义进行了阐述分析，并在此基础上对运动教育模式的实施建议进行了探讨。

随着我国素质教育的不断推进，高校体育教学事业也取得了很大的进步。高校体育教学的目标不仅仅是提升学生的身体素质水平，使学生掌握体育运动技能，更重要的是培养学生的体育意识，促进学生的全面发展。高校篮球是体育课程的一项基本教学内容，篮球也因其趣味性及竞技性等深受学生的喜爱，但是当前篮球课堂教学模式单一，内容枯燥，传统的教学观念束缚着教学的实效性，学生的积极性也不高，也不愿意在课堂教学中进行技能的训练和提升，教学质量较差。针对篮球运动，高校出现了学生喜爱篮球却不愿意上篮球课程的现象。因此高校应改变篮球教学模式，提升学生的积极性，增强课堂的趣味性，激发学生的体育运动热情，促进篮球教学事业的不断发展与进步。

## 一、高校篮球课教学中运动教育模式的应用意义

### （一）运动教育模式的应用增强了课堂的趣味性

运动教育模式指的是，教师给学生提供多元化的学习角色，比如教练员、裁判、记分员等，通常采用比赛的形式进行篮球技能的训练。在这个过程中，学生获得了运动的成就感与快乐感，能够积极主动地投入到篮球课程中。运动教学模式的应用，极大地增强了课堂的趣味性，学生更加投入到篮球课程教学中，也激发了学生的学习热情，在不知不觉中感受到篮球的魅力，提升自身的篮球技能水平，也增强了篮球的课堂教学效果。

### （二）运动教育模式的应用提升了学生的社会适应能力

运动教育模式的应用对学生社会适应能力的提升有着重要的作用。运动教育模式降低了运动技术的要求和难度，使学生在团队合作中提升自身的运动技能，使学生感受到成功的体验，增强了学生的自信心，培养了学生的自尊。此外，运动教育模式是以团队的形式

展开的，需要团队成员之间的交流、配合及合作，提升了学生的沟通能力，形成了和谐的人际关系。运动教学模式也是一个角色扮演的过程，角色扮演使学生体验不同的社会角色，也有助于学生社会适应能力的提升。所以说，运动教学模式能够增强学生自信、提高学生的人际交往能力，提升学生的社会适应能力，使学生进入社会后更好地适应社会，实现自己的个人价值。

### （三）运动教育模式有利于培养学生终身体育的意识

运动教育模式对培养学生终生体育意识也有着重要的作用。在高校的篮球教学中，运动教育模式的应用改变了传统教学模式单一、枯燥的缺点，增强了教学的趣味性，学生更愿意参与到篮球运动中来，感受运动所带来的乐趣，从而有利于激发学生的体育热情，培养学生的体育意识，使学生逐渐养成日常锻炼的好习惯，这也有利于学生终身体育意识的培养。学生在日常的体育锻炼中，提升自身的身体素质水平，促进自身的全面发展，也加快了"全民健身"目标的实现。

### （四）推动了我国体育教学模式的改革

随着我国教学事业的不断改革，我国的体育教学事业也取得了很大的进步。但是，当前，我国体育教学事业仍旧存在着教学模式落后的缺点。运动教育模式应用到篮球教学中，合理地将人融入到整个教学过程，有利于体育教学目标的实现。运动教育模式采用比赛的形式教学，又将运动的难度降低，符合学生身心发展的规律及特点，极大地调动了学生参与运动的积极性。运动教育模式为我国高校体育教学事业的改革带来了一股新的力量，推进了我国高校体育教学模式的改革。

## 二、高校篮球课教学中运动教育模式的应用建议

### （一）应用运动教育模式时要注意分组的合理性

高校篮球课教学中，应用运动教育模式时要注意分组的合理性，以便更好地使学生参与到篮球运动中来，调动学生学习的积极性，提升学生的篮球运动技能。教师要根据学生的篮球技能水平、身体素质水平、行为习惯等对学生进行分组。学生也可以根据篮球课程的教学目标、教学内容、教学形式等进行分组，并推选出小组长。通过角色扮演和小组比赛的形式，使学生更加热情地参与到篮球比赛中去，提升自身的篮球技能水平。合理的分组不仅能够更好地实现教学的目的，增强课堂的实效性，提高学生的技能水平，还有利于教师掌握了解学生的真实篮球水平，以便能够更好地进行单个技术动作的教学和指导。

### （二）应用运动教育模式时要合理地安排基本技术的学习和比赛的时间

高校篮球课教学中，应用运动教育模式时要合理地安排好基本技术学习和比赛的时间。

篮球教学的目标是使学生掌握篮球运动技能，提升学生的身体素质水平。掌握篮球技能，基本技术训练是基础。因此，高校篮球课教学中要注重学生基本技术的训练。运动教育模式能够更好地调动学生的积极性，增强学生的体育热情。学生在分组比赛和角色扮演时能够将基本技术进行应用，提升自身的基本技术应用能力。因此，教师要合理安排好基本技术的练习和比赛的时间，更好地促进学生篮球技能水平的提升。

### （三）应用运动教育模式时注意加强学生之间的团队合作

篮球课运动教育模式应用时也要注意加强学生之间的团队合作。运动教育模式通常采用小组比赛的模式进行，这就要求团队之间要加强沟通，团结合作，只有这样才能取得理想的成绩。在团结合作的过程中，学生不仅增强了团队意识，还提升了自身的篮球技能水平。如果团队之间合作不顺，学生没有团队意识，那么团队就像一盘散沙，不仅取得不了理想的成绩，学生的个人篮球技能也得不到有效地实践和应用，也制约了自身篮球技能水平的提升。

### （四）应用运动教育模式时要组织学生加强组间对抗、展示

高校在篮球课教学应用运动教育模式时也要加强组间的对抗和展示。教师要充分发挥自身的主导力量，通过比赛和角色扮演增强课堂的趣味性，调动学生学习的积极性。教师也要组织学生加强组间的对抗和展示。通过对抗和展示，不仅能够激发学生的体育热情，增强学生的斗志，还可以在对抗中，使学生意识到自己的不足，从而更有针对性地加强篮球技能训练，提升自身的篮球技能水平。

### （五）应用运动教育模式时，教师要充分发挥自身的引导作用

教师是课堂教学的主体，对学生起着潜移默化的影响作用，因此，运动教育模式应用时要充分发挥教师的引导作用，提升教学的质量和效果。篮球课教学中，教师要以身作则，鼓励学生积极分组和进行角色扮演，并对学生的练习进行帮助和指导，引导学生去思考、去学习篮球技能，充分提高学生的自主学习能力，使学生发挥自身的主观能动性，积极地进行篮球技能的训练，提高自身的篮球技能水平。教师充分发挥自身的引导作用也能够提高课堂教学质量，增强课堂效率。

当前，高校的篮球教学事业虽然取得了一定的进步，但是，教学模式落后、学生积极性较差的现象仍旧存在。因此，我们应当将运动教学模式应用到高校篮球课教学中，提升教学的质量。运动教育模式的应用有利于增强课堂的趣味性、提升学生的社会适应能力、培养学生终身体育的意识、推动我国体育教学模式的改革。在应用运动教育模式时，要注意分组的合理性；合理地安排基本技术的学习和比赛的时间；注意加强学生之间的团队合作；组织学生加强组间对抗、展示；教师要充分发挥自身的引导作用。只有这样，课堂的教学质量才会得到有效提升，学生的篮球技能水平才能够得到提高，高校的篮球教学事业才能够得到推进。

# 第五节　高校篮球公选课跳投技术的教学模式

体育课是我国在大、中、小三个学段均为必修课的特殊课程，在学校教育中占重要地位。球类运动的趣味性和竞技性吸引着广大体育爱好者但同时由于教学内容偏多，技战术较为复杂，在教学中给师生带来不少困扰。本节主要分析高校篮球公选课投篮动作跳投技术的教学模式，期望对师生产生教学启发。

## 一、跳投技术的传统教学模式

跳起单手肩上投篮简称跳投，已成为现代篮球运动普遍运用的主要投篮方式。高校教师通常在原地单手肩上投篮教学之后组织学生进行练习。传统教学模式中老师一般先介绍动作概念及运用时机，然后讲解动作方法和动作要点，再逐渐从徒手到持球，从模拟投篮到投篮，分步讲解与示范带领学生练习，在教学中强调重难点知识。

体育课的传统教学模式是体育教师们在长期的课上实践和课下总结过程中形成的理论体系，它不仅具有科学的理论价值，同时还具有很大的实践价值。传统的教学模式处于教师传授知识技能，学生模仿练习的状态。这种模式下的教学活动以教师为主体，教师具有权威性，学生们按照老师设计好的学习路线按部就班。这样的教学模式可以避免学生走弯路，使大多数学生能够按照课时计划完成学习目标。与此同时，传统的教学模式在高校篮球教学中同样存在一些弊端。体育教师通常采用"讲解—示范—练习—纠错—巩固—练习"的方式教学，较固定的学习方法容易让学生失去练习的兴趣。

## 二、跳投技术的创新教学模式

### （一）合作教学模式

由于学生现有水平参差不齐，在通过固定时间的教学实践后让不同性别、不同身体条件、不同技术水平的学生统一完成课程目标的教学任务是广大体育教师共同面临的一大难题。体育锻炼对于相同难度的技术动作，身体条件较好的学生自然会在学习中占据优势，因此在教学过程中教师不能"一刀切"。如果一味地增加练习难度就会使后进生信心全无，如果大量重复基础练习则会消耗已经掌握要领的同学的积极性。综上所述教师可以考虑采用"合作教学模式"。

"合作学习模式"是在教师的组织下将学生分成小组，通过小组成员间的讨论互动，取长补短，最后小组成员按照一定要求合作学习，通过互相间的促进作用，达成学习目标。以"终结性评价和形成性评价"相结合的评价方式对学生的学习进行评价。合作学习模式有利于学生掌握技术，改善师生关系，同时也有效地激发了学生的积极性，培养学生的合作能力和竞争意识。另外，分组教学还做到了面向全体学生，突出学生在教学活动中的主体地位，促进学生全面发展。

### （二）多媒体教学模式

传统的篮球教学模式中教师很少使用图片、视频等多媒体手段，导致学生在上体育课时感到枯燥无味，不能集中注意力，影响学习效果。篮球技术复杂多样，跳投技术更是让学生难以掌握。因此一些体育教师提出一套符合现代教学理念的教学方法"多媒体教学模式"来满足教学需求。

多媒体教学是将教学内容中的文字、图片、动画、视频、声音等元素整合在一起，制作出多媒体教学课件。篮球跳投教学中使用多媒体教学模式有几个优点：首先，多媒体模式可以丰富教师的教学方法，帮助学生快速掌握篮球的基本理论知识。其次，教学中可以通过录像、慢动作回放等技术手段，让学生直观地感受跳投技术的魅力所在。再次，图形处理可以在学生的大脑中树立正确动作的表象，相比语言描述和简单动作示范在教学中能达到更好的效果。

### （三）表象训练教学模式

运用表象训练教学模式进行跳投技术学习的具体方法如下：

教师先通过示范、讲解或播放多媒体素材等方式，帮助学生在脑海中建立初步的跳投视觉表象。接着让学生根据自己的所观所想和理解尝试用语言将跳投的视觉表象描述出来。在这个时候，教师要注意对学生的口述进行分析判断和正确引导，促使学生建立正确的跳投视觉表象。

实践证明表象训练模式在高校篮球跳投教学中学生掌握情况要好于传统教学模式。使用表象训练法后，教师更容易充分调动起学生的主观能动性，促进学生将视听信息转变为技能信息，把想与练结合到一起，形成认知到动作的转变。

在使用表象教学模式时，学生应注意将视觉表象与潜意识中的跳投动作进行对比。通过观察和思考，在教师的引导下找出潜意识跳投动作的不足，建立有效的跳投技术表象。建立有效的跳投动作表象后，学生要通过实践练习将其转化为实际跳投动作。在练习时，学生应该依据大脑中跳投技术动作的分解动作和排序进行实际投篮操作，从而建立起动觉到运动的条件反射。此时，学生要学会将实际练习中的身体感受及时传向大脑，修正以后形成最适合自身素质的运动表象。在一定课时的跳投练习后，学生更容易将运动表象、跳投动作和思维有机结合，建立起稳定的具有个人特色的跳投风格。

针对授课对象水平参差不齐，体育教师可以尝试合作学习模式教学。突出学生在教学活动中的主体地位，促进学生全面发展；针对教学方法单一，学生常感到枯燥乏味的情况，体育教学可以尝试多媒体教学模式。带动学生积极性的同时丰富自身教学资源库；针对抽象和较难掌握的教学内容，教师可尝试表象训练教学模式从心理层面帮助学生攻破难题。创新不是否定传统，是对知识的重新组合力求产生更适合当下环境的全新概念。不会改革变通的教师又怎会教育出具备创新精神的学生，体育教师应当以身作则，从实践中总结经验，不断学习逐渐形成一套具有个人特色的教学模式。

# 第六节　高校大学生篮球裁判员培养模式

目前我国高校体育开展的重要的一项任务是对其篮球裁判员的重点培养，同时课程也在不断地深化改革中，那么应如何提高对其的培养模式呢？本节进行了针对性的分析与探讨。

高校是作为我国的篮球裁判员培养的重要机构，因此篮球裁判员培养模式在高校中的构建是起着关键性的作用。因为在高校有效培养篮球裁判员具有很大的优势，一方面是大学生拥有一定的文化基础，另一方面在知识结构上也是比较完善的，所以在高校培养可以挖掘出更多的篮球人才，为以后的篮球运动提供优秀篮球人才备选。

## 一、篮球裁判员在高校培养的意义

### （一）可以满足新课程改革的需要

在高校中篮球运动是学生们非常深爱的一项运动项目，不管是在专业的体育院校，还是在一般的高校，都是其体育课程体系中必需的项目之一，然而篮球裁判员也是其课程中重要的一部分内容。因此为了满足新课程改革的要求，需在高校中设置其篮球裁判员培养的课程，即可给学生们提供更多选择的机会，同时也在着力培养学生们的自主学习能力，从而有效促进完善体育课程为国家培养更多的篮球优秀人才。

### （二）有利于校园体育文化的良好构建

体育文化的构建有利于学生身心的健康发展，篮球比赛的设置可以丰富学生之间的沟通交流，同时也可提高篮球技能，再者可以通过活动丰富其业余活动形式。然而裁判员是其比赛中不可或缺的人员，裁判员的综合水平会影响整个比赛的顺利进行，所以它的设置尤其显得十分重要。目前随着高校篮球运动的不断发展，由此对其裁判员的培养需求也在着重不断进行提升，因此要不断加强其高校学生们篮球裁判员的培养从而促进学校构建良好的体育文化氛围。

### （三）可以满足体育发展对裁判员的需要

随着我国篮球事业的不断发展，对其篮球运动员的需求量也是越来越大。一般在高校、企业，或者社区中举行的娱乐文化活动中进行的篮球比赛居多，社会对篮球裁判员的需求量在不断地增加。因此在高校对学生培养篮球裁判员模式，可以有效地为社会培养更多的专业人才，同时也可以在高校中锻炼学生实施裁判员的实践能力。

## 二、对大学生篮球裁判员在高校培养的可行性

### （一）高校学生具备篮球裁判员丰富的人才基础

在高校中有很多的篮球爱好者，也存在一部分人是业余篮球裁判员。有的时候他们在业务上缺乏经验，没有系统专业地对篮球裁判进行学习，但篮球比赛实践经验丰富。对于篮球也是有比较浓厚的热情与追求，因此在高校中开展篮球裁判员的培养具备丰富的人才资源。可以在大众中选出有热情与追求以及学习与接受能力很强的学员进行专业的篮球裁判员培养，在此可以取得很好的成效。

### （二）由于高校具有专业的师资力量

在高校中的体育老师都是具备丰富的教学与实践经验，同时对篮球人才的培养也是很有实践经验，不管是在篮球理论基础上还是篮球裁判理论上以及篮球裁判员培养方面，都是具备扎实丰富的经验。因此在高校教学工作开展中会进行得很顺利，特别有利于对裁判员人才培养模式上的可操作性与针对性。

### （三）在高校中的教学实践环境有优势

在此过程中主要是为高校大学生篮球裁判员提供了相应的实践环境，通过不断地学习和实践，可以提升学生裁判员的技术水平，通过学习理论知识、参与校内外的篮球比赛，从而丰富其实践经验，有效提高自身的篮球裁判专业性。实现理论与实践同步提升的优势。

## 三、高校大学生篮球裁判员培养模式的探讨分析

### （一）对篮球裁判理论知识学习进行加强化

作为一名优秀的裁判员，必须对裁判规则与篮球裁判员的职责与权力有很深刻理解与认知。只有对其规则有深刻地了解，才能使篮球比赛正常进行。因此，在高校培养篮球裁判员时要对其理论知识进行强化学习，才能使学生们打下扎实的基础，以便行使真正的职责。

### （二）对篮球裁判的基本功加强训练

其实，篮球比赛整场下来，到最后运动员一般都有很强的对抗性，同时会有很多状况发生，在此过程中裁判员需具备很强的临场判断能力。裁判在具备相应的基础知识和判罚

技能的基础上，还需应对状况的发生，由此较强的基本功是必备的。裁判员要有广阔的视野与移动能力来应对场内的状况及时做出判断。同时要有鸣哨和手势的有效应用，在比赛时通过口哨与手势的语言进行比赛判断，才能有效顺利进行。

### （三）对篮球裁判员心理素质的有效培养

篮球裁判员不仅基本功要强，同时在心理素质方面也要具备很强的能力，才能在比赛过程中高度集中注意力并保持情绪的稳定，在比赛过程中做出正确的判断，以防判断失误。如：双方起争执时，在此过程中裁判员需要有很好的心理素质，保持冷静的心态进行判断以保证比赛的公正性。

### （四）给大学生篮球裁判员提供更多的实践历练

只有在实践活动中不断历练才能提升自身的能力，同时可以锻炼学生的跑位与反应能力以及判断能力，且在不同的比赛过程中可以总结出自己的优点与缺点，对以后参与比赛中可以有针对性的锻炼。在此过程中，高校要组织学生参与更多的实践。如：与企业和社区举办各种篮球大赛，由此，通过实践的历练就可丰富裁判员的实践能力提升。

总之，对大学生培养篮球裁判员是有重要的意义和可行性的，同时在高校进行培养的模式也是有相应的优势，但是要有效地对教学模式的加强构建和培养的强化及理论水平以及实践能力的提升。

# 第三章　高校篮球教学中学生的培养

## 第一节　高校篮球教学中篮球意识的培养

随着教育体系的不断改革，人们对体育锻炼的相关教学也越来越重视。结合适当的训练来提高学生在篮球运动中的篮球意识，成为各高校体育教师的重要工作。所谓篮球意识，就是通过运动员的感觉、听觉、视觉等感官意识在篮球比赛中面对对手所做出的每一个动作而做出灵活的转变来应对对手的相应战术，在比赛的过程中时刻观察场上的情况，通过自己的判断力有目的地进行行为的支配。它是一种抽象的概念。篮球意识的培养是一个艰难而又漫长的过程，篮球意识被称之为篮球运动的灵魂，它是运动员在早期的篮球学习和培训中不断养成的。由于高校学生正处于易于接受新事物的时期，因此在篮球教学的过程中要首先培养学生的篮球意识，然后再通过不断地训练和培养来提高学生在比赛中的应变能力，从而取得比赛的胜利。本节就我国各高校今年来篮球教学中的相关现状进行简单地分析，针对相关的问题提出了一些建议。

篮球比赛是一项团队性的比赛，讲求队员之间的配合默契，以及每一位队员的个人素质和篮球意识，各个要素的完美配合才能在比赛中取得最终的胜利。通过对以往一些专业运动员的分析我们可以得知，专业运动员的篮球意识相对较强，他们的篮球意识是在平时的训练和比赛中不断磨炼来得到提升，因此在比赛中他们往往面对对手的各种战术都能应对自如。因此篮球意识的培养在篮球比赛中发挥着重要的作用。在各高校篮球教学中不仅要对学生的理论知识进行不断地教学，同时还要有针对性地培养和提高学生们的篮球意识，将理论与实践相结合，所以说篮球意识的培养对篮球教学具有重要的意义。

### 一、篮球意识概述和意义

所谓篮球意识，就是运动员在篮球比赛中对于一些突发情况时通过对对手和自己团队对眼的分析了解，能够做出快速、准确的判断和防守的能力。篮球意识的培养不能求快，要在篮球学习的开始就要培养起学生的篮球意识，在不断的训练和实战中，学生们的篮球意识才会逐渐形成，并且在日后的训练中不断加强篮球意识的培训。篮球意识是运动员在实际的比赛中面对对手的行为，以及队友之间的所有举动通过自己的判断力和观察力及时做出正确的反应的能力，这种判断能力的表现就是人们所说的篮球意识。在篮球比赛中，运动员的篮球意识和与队友之间的配合与否往往决定着比赛的结果。因此，作为高校篮球教师，在教学过程中要根据每个学生的特点和实际情况按照篮球运动的发展规律合理地对学生的训练做出安排，在平时的训练和实战中不断提高学生之间的团队协作能力和篮球意识。

现如今，很多学生都热爱篮球运动，在篮球运动的训练过程中，不仅能够提高学生的身体素质，还能保障学生拥有强健的体魄。同时，在篮球的教学和平时的训练中，无论是对学生的交际能力还是学习能力都有一定程度的提升。在训练过程中与同伴和教师之间的沟通有利于学生交际能力的提升。对教师在平常教学中各种动作的洞察和领悟能够不断提升学生的学习能力，同时还能提高学生的心理素质，较强的心理素质能够让学生在篮球比赛中临危不惧。所以说篮球意识的培养对篮球教学具有重要的意义。

由于很多高校在篮球教学的训练中往往只是注重学生的身体和技术的训练，从而忽视了对学生篮球意识的培养，导致在比赛中每一位队员之间不能做到默契的配合，队员之间的整体配合意识相对较差。在篮球运动中，对学生的训练固然重要，但是往往有些教师只是一味地对学生进行篮球的实际训练，而在理论方面却没有做到位。甚至有些运动员的篮球基本功就存在不扎实的现象，在遇到突发战术的情况下顾及到一方面，不能及时做出正确的判断和防守，在比赛的过程中，运动员往往只是将精力全部关注在球上，而忽视了对方运动员的动作及行为，普遍存在篮球意识不强的问题。然而篮球意识的培养和提高需要长时间的不断积累，因此，在高校篮球教学中篮球意识的培养要有目的地开展，在实际的训练中查漏补缺，不断提高学生的篮球意识。

## 二、篮球意识的培养和训练

篮球意识需要运动员在长期的训练中和实际的应战中不断养成。作为篮球运动员不仅自身要有较强的篮球基本功，同时在比赛中要注重团队之间的合作，结合相对的战术，从而在篮球比赛中取得胜利。在篮球训练的过程中，不仅要加强学生技术方面的练习，同时对于篮球意识的培养也至关重要。作为篮球运动员，要在技术方面有过硬的篮球技术，同时要具有较强的判断力和团队协作能力，对于对手所做出的实际动作和场上所出现的情况通过自己的判断力及时采取正确、有效的防守措施，并结合实际的比赛形势来调整自己的战术。在比赛中这种应战能力就是运动员篮球意识的表现。

### （一）篮球基础理论的强化

各高校在篮球教学中，首先要强化学生的理论知识，只有在以理论知识为基础之下才能形成篮球意识的不断提高，进而不断提高学生的篮球技巧。在传统的教育教学中，各高校教师往往注重对学生理论知识的培养和教学，很少将理论与实践相结合，单一的理论学习而没有实践作为陪衬，就仅仅是纸上谈兵，不利于学生的学习。这就导致学生在平时的学习中缺乏学习的主动性，导致教学内容的单一性，课堂内容相对较乏味，降低了学生学习的动力。将教学的理论知识与实践相结合，结合学生的实际技巧的掌握情况和平时的训练情况来对学生进行相应的教学，让学生掌握基本的动作要领的同时在进攻、防守等方面都能运用自如。扎实的理论基础在实际的比赛中对于多变的赛况能够促使学生做出正确的判断。高校教师在对学生的教学中可以通过各种教学方法和手段来不断提高学生的理论知识，为学生的篮球运动打下坚实的基础。

## （二）篮球技术运用的意识

在平时的训练中，要对篮球比赛中的每一项技术的动作要点和运用的方法及时机进行仔细地讲解，要让学生清楚，对手的任何一个动作自己都要有应对技巧。在不断加强学生的篮球技术运用意识的同时也要结合实际情况注重对篮球意识的训练，在平时的训练中找到自己的不足之处并且针对自己的缺陷加强训练，培养学生的篮球意识。教会学生在实际比赛中在关注球和对手的同时要运用眼睛的余光去观察场上的情况，从而无论是在球的注意力上还是人的注意力上都要有所在意，在关注对手情况的同时还要清楚自己队员的位置和状况，从而快速做出准确的判断，给出及时的应对战术。在平时的训练中，教师的各种教学动作及演练动作的每一个细节都有利于学生能力的养成。在实际教学中，教师不能只注重刻板的讲课，而要多让学生实际，让学生参与到整个教学过程当中，让学生通过自身的体验来学习篮球。根据比赛场上的实际情况，在熟练掌握篮球技巧的基础上，大胆地运用篮球技术。注重对相关技术动作的规范和训练，使学生在实际的比赛中能够将技术运用自如。篮球意识的培养和篮球技巧的运用需要通过学生长时间的实践才能不断地来提高。因此，作为高校篮球教师，要在平时的教学中不但要注重对学生篮球技术的运用，同时还要不断培养学生的篮球意识。

## （三）篮球战术训练

在篮球比赛的赛场上，运动员的洞察力和协作能力是篮球比赛取胜的至关重要的一点。因此在平时的教学中，教师要结合学生的特点注重对学生洞察能力的培养，通过对学生视觉、听觉等的分散、集中的培养来提高学生的观察能力。洞察能力的不断提升才能进行下一步分析和应变能力的训练。这就要求学生在平时的训练中对于对手的行为做出快速的分析，并且能够采取正确的应变能力。通过对学生篮球意识的不断训练来提高学生篮球运动的对抗意识。并且每一个球队都要有自己的一套战术，篮球战术的训练不仅能够提高学生对篮球意识的培养，同时也是比赛取得胜利的关键。在平时的训练中要多训练同时加强与队友之间的默契配合，在篮球比赛中默契的配合可以为篮球比赛的胜利锦上添花。学生只有在平时的篮球训练中不断摸索，才能不断了解篮球各方面的特性。

## （四）技术与战术相结合的训练是加速培养篮球意识的有效手段

目前，我们在训练中存在技术训练与意识培养脱节现象，另外还存在着技术训练与战术训练截然分开的现象。不要错误地认为，只要把技术练好了才能练战术。其实技术是永无止境的，而技术训练脱离比赛的各种战术配合，孤立地练习技术，这正是目前有些队员单个动作很漂亮而不会运用的根本原因。有经验的教练员，既要抓单个技术动作，更要抓配合中的运用技术，如：结合快攻情况的长传，结合给中锋的各种短传，这就不仅是动作正确与否的问题了，还涉及了时机、方向的选择、力量、假动作的运用等很多问题。而这些问题又要求在刹那间经过大脑分析、判断之后，做出恰当的反应。这个过程，也正是结合技术练习，进行正确篮球意识培养的过程，因此不只是教单个动作，还要教在各种攻守情况下如何灵活运用这些动作。

随着高校教育体系的不断改革，很多的教育体系和教学内容都在随之做相应地改变。在高校篮球教学的过程中，教师不仅要注重学生基础知识的学习，更重要的是要加强学生篮球意识的培养，结合学生的实际情况，对学生在篮球比赛中的洞察力和相关战术的研究要进行自己的分析并且多加训练。篮球意识不是在篮球比赛或者平时的篮球训练中就能一蹴而就的，需要通过学生的不断练习来培养和提升自己的篮球意识。实践是检验真理的唯一标准，只有在实践中发现学生的不足之处，针对不足之处来采取相应的措施，不断提高学生的篮球技巧和篮球意识，将学生的篮球意识的培养贯穿在每一个环节中，无论是在平时的训练还是教学过程中，抑或是在比赛中，要抓住每一个教学机会，帮助学生培养篮球意识，从而不断提升学生们的篮球技术和应战能力。从而在篮球比赛中将篮球的各个要点都运用自然，最终取得篮球比赛的胜利。

# 第二节 高校篮球教学与体育自我能力的培养

高校是为我国社会主义建设输送人才的重要基地，同时也是培养现代化人才的关键场所，新时期下，随着我国经济与社会的蓬勃发展，对人才的要求也逐渐提高，为了保证学生在毕业后，可以快速融入工作岗位中，不仅要对学生知识能力进行培养，同时还要确保学生拥有良好的身体和健全的心理。在此背景下，本节主要针对高校篮球教学与大学生体育自我能力的培养进行分析和研究，希望给予我国高等教育以参考和借鉴。

新时期下，随着我国经济与社会的蓬勃发展，社会对人才的要求也不断提高，为了确保学生在毕业后可以快速的适应工作岗位，很多高校对文化知识以及专业教育给予了高度重视，但是却忽视了对学生身体素质以及综合能力的培养，导致很多学生在毕业后无法在激烈的竞争环境下脱颖而出。因此，高校一定要充分重视体育教学中篮球运动对学生自我能力培养的重要性，在强化学生身体素质的同时，对学生的自我能力进行有效培养。

　　篮球运动是我国高校体育教育的重要运动项目之一，其深受大学生群体的欢迎和热爱。近些年，随着我国 CBA 篮球联赛的发展，以及 NBA 篮球联赛影响力的逐渐扩大，篮球运动在大学校园中更是得到广泛的传播。但是在高校开展的篮球教学中，也面临很多困难，例如教育思维陈旧、教学场地不足以及女同学参与不积极等，给篮球运动在大学校园中的发展带来一定阻碍。因此，高校想要充分发挥篮球教学对学生"体育自我能力"培养的功能，一定要对其进行创新和改革，激发学生对篮球运动的喜好和参与热情。

　　当前，高校在开展篮球教学的过程中，基本是沿用传统的教学方式：教师简单的讲述下技术原理，然后组织学生自主练习，而由于缺乏有效监督，导致自主练习变成了自由活动，很多学生尤其是女学生，利用这个时间去做一些其他事情，篮球教学形同虚设。

　　在篮球教学中，教师过于强调篮球基础技术，没有体现篮球运动的精髓和文化，导致学生在训练中乱打一气、不懂配合，导致篮球教学失去了原本的意识，没有对学生体育自我能力进行培养。

## 一、以学生兴趣为教学导向

　　在开展篮球教学的过程中，教师要对学生进行调查和分析，了解学生的教学需求和学习兴趣，并以此为基础开展教学形式的创新与改革。体育教师要转变教学观念，不能照搬传统的教学模式，不仅会让学生感到乏味枯燥，甚至可能诱发学生对篮球教学的抵触心理，自我能力培养更是无从谈起。教师要了解学生喜欢哪种教学模式，并且以学生兴趣为教学导向，设计出简单科学、有效合理的教学方式，激发学生对篮球运动的热情，积极参与到教学活动中，通过篮球教学，对学生自我能力开展有效培养。

## 二、找准篮球教学方向

　　篮球不仅是一个运动项目，其更代表了一种体育文化，能够提高学生的综合素质，培养学生奋进顽强、勇于拼搏的意志，激发学生的合作意识以及团队意识，促进学生身体和心理的全面以及健康发展。因此，体育教师在开展篮球教学的过程中，一定要结合当代大学生的实际情况，找准教学方向，对学生团队精神、心理素质、身体素质进行有效锻炼。正确的教学方向并不是过于强调学生对篮球技能的领会和掌握，而是通过对篮球技能的教学，让学生领悟到篮球运动的精神，进而对学生自我能力进行培养。在教学之前，教师要针对篮球运动的基础技能进行分析，例如传球是篮球运动的基础技术之一，当学生接到篮球后，第一想法是如何将篮球有效以及快速地传给队友，为队友制造得分机会，因此，教师要针对传球技术的特点开展教学，教会学生在接到球后，如何正确的跑位，如何为队友创造机会等，通过学生对传球技术的掌握，对学生团队合作意识进行培养。教师要根据较强的分析和研究能力，掌握各种基础动作的难点和重点，进而有针对性地开展教学，保证所有学生都能得到提高，对学生自我能力以及身体素质进行培养。

## 三、对体育自我能力开展针对性培养

新时期下，我国经济获得快速以及稳定的发展，人们的生活质量也得到明显改善，汽车已经成为人们出行的主要交通工具，进而忽视了对身体的锻炼。同时，当代大学生从小就置身于忙碌的学习中，很少有时间开展体育锻炼，导致学生的身体素质不断下降，同时，由于长期缺少体育锻炼，学生缺乏正确的运动习惯，进而为身体埋下了一定的健康隐患。因此，在大学期间，体育教师一定要帮助学生养成正确以及良好的运动习惯，为学生未来的工作和生活奠定良好的身体基础。在开展篮球教学中，教师不仅要在课内灌输给学生运动意识，同时还要注重课外的疏导，让学生主动以及积极地参与到篮球比赛中，通过篮球教学对学生体育自我能力进行培养，改掉不爱运动的坏习惯，树立终身体育的正确意识。

## 四、引导学生养成体育自我能力的良好习惯

当前，很多大学生认为上好专业课、学好文化知识，就可以拥有光明的前途，进而对体育运动没有给予足够地重视。这种观念是片面的，身体是未来发展的基础，如果学生不能拥有健康的身体，在未来的工作中也会面临很多困难。因此，教师要通过篮球教学引导学生养成体育自我能力的良好习惯，高校也要为学生创设良好的运动环境，增加篮球场地，为学生开展篮球运动提供硬件支持，教师还可以举办各种篮球趣味比赛，促使更多的学生，尤其是女学生参与其中，进而为未来的发展奠定身体基础。

总而言之，随着社会对人才要求的不断提高，大学生想要在毕业后，快速适应工作岗位，不仅需要具有扎实的专业知识，同时还要拥有一个健康的身体。因此，高校和体育教师一定要充分重视篮球教学对学生体育自我能力培养的重要性，通过篮球教学对学生团队精神、合作意识以及坚强意志进行锻炼，帮助学生树立正确的体育理念和运动习惯，促进学生综合素质的全面提高，为学生未来发展奠定基础。

# 第三节　高校篮球教学中运动战术意识的培养

篮球在我国是一项国民喜爱度较高的运动，也拥有着较为悠久的历史基础。篮球运动要求队员之间默契配合，随着篮球运动逐渐进入人们的视野，运动战术意识逐渐被人们所重视。近几年来，篮球运动在我国高校中受到了越来越多人的喜爱，在球场上经常可以看到许多学生激烈对抗的身影，但是如果想要真正意义上的掌握篮球技巧，并不能只依靠个人的实力，而是需要多人的配合与协作、团队的配合才可以更好地完成比赛，篮球队员需

要不断培养篮球作战意识，这也有利于提高篮球运动员的能力和水平。如果仅仅具有高超的篮球技巧而没有战术意识，那么也无法获取真正意义上的胜利。我国的篮球教学与战术培训已经取得了较大的发展和进步，但是在实际过程中如何培养学生正确的运动战术意识还是一个值得探讨和研究的问题。基于此，本节首先简要分析影响学生战术意识培养的因素，其次提出高校篮球教学中战术意识的培养策略，以此供相关人士交流与参考。

运动战术意识对篮球比赛取得胜利来说是十分重要的。在篮球赛场上竞争的队员们，需要根据对手和自身的实际情况做出准确的判断。篮球是一项群体配合的运动，而且也是一项对于运动员身体素质有着一定要求的运动项目。团队配合对于篮球运动来说是十分重要的，运动战术需要经过长时间的训练才能得以形成。队员们在日常的训练过程中，逐渐养成和总结出来的经验以及一些肌肉的习惯。篮球队员战术意识也在一定程度上决定着比赛是否能够取得胜利，在获取优势时如何乘胜追击，在失败时如何绝地反击，都直接影响着篮球比赛是否能够获得胜利。篮球运动员们需要积极配合日常训练，在赛场上，科学地利用传球、配合、卡位技术以及助攻的思维意识，这些都是需要长时间训练才可以实现的。与此同时，篮球运动战术意识也可以称作是篮球运动员对篮球运动的认知。在高校篮球运动中，如何让运动员具备科学的技巧以及团队协作的能力，是教练员需要重点关注的内容。

## 一、影响学生战术意识培养的因素

### （一）学生主观因素

主观因素主要包括学生自身对篮球的兴趣、学生的身体素质、学生的体能等因素。首先，教师在指导学生学习之时，需要让学生首先喜爱上篮球运动，才会更加愿意投入到这项运动中来。兴趣对于学生是十分重要的，学生只有足够的兴趣才会愿意全身心地投入篮球运动中。其次，是学生的身体情况，运动对于每个人的定义都是不同的，有的人认为运动是简单的活动身体，而有的人则认为运动应当与激烈的对抗联系在一起，篮球运动是一项需要大量身体对抗的竞技运动。因此，篮球队员的身体素质是取胜的关键因素之一。最后，就是体能因素，体能因素对篮球运动员的影响是巨大的，如果没有良好的体能，就会使得运动员在运动过程中难以适应激烈的赛场竞争，尤其是像篮球这样激烈性较强的对抗运动。队员们的体能如果差异较大，就会致使在运动过程中出现速度反应配合滞后的现象，这将会影响整体队伍取得胜利，但是体能并不是先天形成的，可以在后天的培养和训练中逐步提升。

### （二）周围的客观因素

周围的客观因素主要包括教练员因素和队员因素两种。教练对于球队来说是十分重要的，是球队走向的引领者。在日常的训练中，教练需要对球员做出正确的指导，球员只有经过教练正确、科学地指导，才能够形成正确的运动战术意识。除此之外，教练员也起到把控全局的作用。与此同时，教练员也需要拥有先进的教学理念，这对于队员的不断成长和发展来说起到至关重要的作用。然后是队员配合因素。队员之间的默契配合对于篮球比赛取得胜利有着十分重要的帮助。队员之间需要紧密的配合，而且也要拥有良好的默契才能够完成一些传切和卡位的运动，如果队员之间缺少默契，或者是没有形成良好的运动战术意识，那么球队就会如散沙一般，在进攻和防守的过程中容易被对手牵制。

## 二、高校篮球运动中战术意识的培养策略

### （一）加强体能训练

篮球运动对于体能的要求是十分严格的，拥有较强的身体素质，才能够保证在篮球比赛中拥有获胜的基本条件。而且一场篮球比赛时间是较长的，这对于球员的体能要求就会变得更高。如果球员想要完整地完成一场比赛，就需要拥有更好的体能。在平时训练的过程中，需要尤为注重体能素质的培养，好的战术意识也需要有好的体能作为基础支撑。教练应当将运动战术意识和体能相结合，培养学员正确的训练方式。在培养意识的同时，也要加强队员有氧运动训练和强度，其中需要注意的是应当按照队员自身的身体素质有针对性和有计划地加强训练强度。

### （二）优化技术训练

篮球运动是一项讲究技术的运动，每位篮球运动员在球场上都有具体的任务和适合自己的位置，在自己的发挥空间内进行进攻或者防守。与此同时，也需要注重对自身技术的训练，无论是基本的技术还是难度较高的高阶层训练技术，都是为了让球员能够在比赛过程中拥有更好的手感和意识。篮球运动战术意识和球员自身的技巧关系十分紧密，比如组织后卫需要边运球边观察赛场上的实际情况，注意同伴的跑位以及对方球员的卡位等。所以，要在平时训练的过程中注重提升学生的技术水平。一旦有了过硬的技术水平，再加上不断的体能训练，就会使得学员在运动过程中拥有更好的手感，在训练和比赛的过程中，动作就会更加顺畅和连贯。另外，每个运动员在训练过程中都应该具有扎实的基本功。篮球运动员通过日常的训练和积攒一定的比赛经验，逐渐培养正确的篮球战术意识。在平常的训练和活动过程中，需要使基本的技术达到一定的水平。在这个过程中需要注意的是，战术意识的训练一定要与基本战术训练紧密联系，将战术意识的内容通过科学的方式与战术训练相结合，才能够提高篮球运动员的实际运用能力。之后再通过一些特殊的战术训练，才能够让篮球运动员在比赛过程中能够更快地适应比赛环境，提高实战能力。高校在开展篮球运动训练的过程中，要传授学生基本的动作要领，使学生掌握一些基本技术之后，能够熟练地运用到比赛之中，最终达到提高战术意识的目的。由于受到高校篮球教学场地和课时的限制，许多专业性的篮球运动技术和战术内容无法全部传授给学生，因此一些单独的理论知识教学更无法让学生直观了解到技术的根本特点，也很难让学生的篮球意识稳步

提升。高校篮球教师应当打破客观条件的局限性，让学生能够真正地得到篮球战术意识的提升。开展针对性的训练，包括身体素质的训练、心理素质的训练以及认知素质的训练等。让学生培养正确的篮球操作战术意识，而且也要让学生的身体素质得到提升。大多数情况下，系统的训练有以下几个方面。第一，掌握战术内容。篮球教师在实际对学生进行课程内容讲授和训练的过程中，需要分配学生在篮球赛场上的具体任务和位置。让学生根据自身所处的位置制定合适的策略与队友紧密配合。第二，选择正确战术意识训练方法。教练员需要让学生明白，在日常的训练过程中所要达到的目的在于培养学生训练中有目标、有针对性地进行跑位和训练，避免盲目训练的情况出现。第三，在每一次训练结束之后，教师需要根据场上的实际情况，对运动员进行针对性地指导，避免在运动赛场上发生的错误再次发生。找出教学过程中存在的问题进行分析，以此来提升学生的战术意识和技术水平。

### （三）控制情绪训练

除了队员的体能和战术水平之外，队员的情绪对于篮球比赛的结果也有着很重要的影响。成熟的篮球运动员在球场上不应当被情绪左右，比赛有输赢是十分正常的。如果参加这种竞技性的比赛，就需要一定程度的心理承受能力。目前仍存在于许多球员心态不好，一旦对方取得的优势较大，内心就容易出现烦躁情绪，情绪上也不容易平静下来，就会容易身体和动作不标准。教练在日常训练之时，除了注重运动员身体素质以及运动技巧之外，也需要注重对运动员的情绪进行疏导，运动员如果出现慌乱情绪，这种慌乱情绪带来的影响也是较为恶劣的。有可能出现传球不到位，跑位滞后，篮板球不积极等一些现象，这些都是情绪不稳定带来的影响。其中尤为需要注意的是，情绪反应造成的犯规，这种负面情绪无法让运动员在赛场上发挥自身真正的水平，还会影响比赛取得胜利。

### （四）提升协作配合训练

运动战术意识的培养就是队员基于一些体能因素、技术因素、情绪因素的整合，而出现的一种配合训练模式。战术意识不仅仅指的是篮球技能的提升，更是团队运动意识的一种体现。这种紧密的配合方式可以让队员之间拥有更高的契合度，在运动场上这种契合度也是尤为重要的。但是这种配合的意识并不是一朝一夕可以实现的，而是需要队员之间长期的互相接触和了解，才能够逐渐培养出来。教练在训练过程中需要尤为注重对队员进行协作配合的训练，在队员中可以加强双人、三人之间的进攻和防守，让大量的训练形成肌肉记忆，在正常训练之余也可以将球员组织起来一起进行一些游戏和活动，以此来增加球员之间的感情，这对于提升他们的默契程度来说也是尤为重要的。在训练和平时的空闲时间球员需要不断地提升自身的协作配合意识，队员的个人主义应当及时被改正过来，在赛场上需要注重团队的配合，将运动战术发挥得更好。

## （五）加强理论知识学习

在日常授课过程中，理论知识与实战训练都是十分重要的。事实上，学习理论知识除了能够在一定程度上使学生的战术意识得到提升，更重要的是能够让教师和学生在理论的基础上结合实践，发挥更好的水平，全面提升学生的战术意识。从我国篮球课程现状进行分析就可以看出，轻理论、重实践是篮球教学的普遍情况，这主要是由于大多数高校的体育教师会认为篮球是一项实战性较强的运动，从而忽视了理论知识的教学，也没有留出单独的时间去进行理论知识的讲解。通常情况下，篮球教师会选择在课前对一些基本的内容进行简单的讲解，但是却难以进行细节的分析，忽视理论教育的重要性。学生如果缺乏理论指导，就难以从更高的层次和角度去理解篮球运动的真正内涵，事实上，战术对篮球运动的影响很大，只有具备良好的战术意识才有更大可能在篮球比赛中取得胜利。除此之外，也需要加强培养学生思维观察能力，思维观察能力也是战术意识的组成部分之一，篮球运动员只有结合篮球运动的根本特点，运用熟练的篮球思维模式和战术意识才能够形成正确的运球、传球技巧。在这个过程中，运动员也需要培养自身优秀的分析能力和临场应变能力，对赛场的情况和走势进行预判，识破对方的攻击意图，以此来获取比赛场上的主动权，这对于提升整体团队战术意识来说也是尤为重要的。

## （六）增加实战训练机会

教师进行教学的目的就是为实践打下坚实的基础。如果教师在日常的授课过程中仅仅传授理论的知识，那么就是纸上谈兵。学生一旦经历实战，就会出现各种问题，极容易影响学生的心态。因此，教师在日常的教学过程中，应当创造更多学生进行实战训练的机会，以此来提升他们的战术意识和技术水平。然而在高校的篮球学习过程中，教师与学生之间应当树立正确的师生关系，建立紧密的情感联系，定期组织课外活动或者是进行专业知识的学习。通常学生在篮球训练上缺乏机会，而所谓的实战训练仅仅是在学校举行的一些比赛。仅仅是学校内部学生之间进行篮球比赛，对自身存在的问题可能分析不完全，难以真正意义上提升学生的能力和水平。学生在比赛过程中与自己熟悉的队友和对手进行比赛，那么就会产生固定的肌肉记忆和思维模式，难以真正意义上提升自身的战术意识。因此，教师可以在日常训练中注重组织分组篮球对抗比赛，对手也可以不局限在本校内，可以组织学校与学校之间的篮球比赛，与其他高校的篮球队员进行比赛和切磋。但是也不应当过于追求比赛的胜负，应该本着友谊第一，比赛第二的信念。不能够为了获取胜利而出现过激的肢体冲突，那么也就丧失了比赛最根本的意义。一旦学生得到更多的实战机会，那么就会更加善于总结自身的失败经验，将赛场上的得失都转化为提升自身水平的台阶，教师可以根据学生在赛场中的表现给予有针对性地指导，这样一来就可以让理论知识和战术实践科学结合，打破传统教育的局限性，由此也可以更大程度上培养学生的综合素质。

总体来说，战术意识在篮球比赛中，体育教师需要根据学生的实际发展情况和身体素质，制订相应的训练计划。根据学生的实际情况和特点，制订计划，培养学生思维观察能力的同时，也需要注重对学生反应能力的培养。与此同时，也需要多提供给学生真正的实战训练机会，在实战过程中学生能够自我反思，并且提升自身的战术意识和技术水平。学生在比赛过程中也会逐渐积累经验，提高篮球的协作配合能力。篮球运动需要队员之间的紧密配合，在组织进攻、协同防守等方面都需要学生拥有较强的意识观念，个人的单打独斗在篮球运动中是不科学的，只有将所有队员的积极性激发出来，才能在真正意义上的展现篮球运动的魅力和活力，运用科学的战术意识，使球队取得胜利。

# 第四节　高校体育专业篮球裁判能力的培养

高等院校当中的体育专业能够有效培养出未来的体育人才，特别是对于培养裁判员具有明显的优势，很显然培养基层的篮球裁判员具有一定的优势。目前传统的体育教育并未对裁判员的培养给予足够关注，仅仅通过短期培训以达到效果，最终会影响裁判员的整体素质。高等院校当中的体育专业应该深化教学改革，明确人才培养的要求，真正培养出适应社会需要的应用型专业裁判员。高等院校应该研究如何培养篮球裁判员，有针对性地给出培养的途径，最终促进我国篮球运动的不断发展，实现全民健身的计划。

高等院校的体育专业属于专业体育人才的培养最为基础的部分，针对裁判员的培养层面优势较为突出，能够为社会源源不断地输送基层的篮球裁判员。由于我国现有体制的影响，对于裁判员的培养方面并没有过多重视，没有投入足够的精力。一般都是通过短时间内的培训教学来进行讲授，一定程度上影响了篮球裁判员最终能力的实现。目前的教学改革要求高等院校培养应用型人才，因此，高校应该积极思考怎么样才能够让学生真正了解篮球运动的相关方法和规则，最终达到与等级相符的篮球知识和能力。所以，高校院校应该更有针对性地培养学生篮球裁判能力，对学生篮球裁判能力培养的方法进行挖掘，这样才能够最终促进篮球运动的全面健康发展，国家提出的全面健身计划才可以真正得以实现。

## 一、篮球裁判员的基本素质与要求

### （一）政治素质要求

政治方向应该明确，对于社会主义祖国无限热爱，并且拥护中国共产党的领导，对科学发展观明确在心并且自觉践行。

### （二）人格素质要求

世界观、人生观和价值观都应该正确，社会责任感强烈，同时身体素质和心理素质过硬，人格健全独立，思想品德和行为习惯都应该大方得体。

### （三）职业素养要求

遵守国家的法律法规，热爱本职岗位，具有团队的协作精神，不断提升自身的专业技能。

## 二、高校培养体育专业学生篮球裁判能力的必要性

### （一）适应应用型人才培养的需要

普通高等院校的体育专业主要是为培养体育方面的人才而设置。作为体育专业的学生，其裁判能力高低直接体现出了应用型能力的强弱，该专业的学生未来走上社会可能面临着在日常的活动或者训练当中担任裁判工作，从某种程度上讲裁判能力直接决定体育专业学生未来能否拓宽就业渠道。高校体育专业学生的裁判能力是学生必备的专业技能之一，作为普通高校应该紧密每个地区的客观情况，有针对性地进行体育人才的培养。

### （二）适应篮球运动发展的需要

最近几年，我国的体育事业得到了前所未有的发展，全民健身日益普及，篮球运动更为职业化，学校当中也会定期开展各种篮球运动，当然社会性的篮球比赛也越来越多，规模随之扩大，篮球水平突出。在这样的情况之下，国家对于裁判员的水平和能力有了更高的要求，越来越需要高水平的裁判员。目前国内大多数篮球裁判员都是由体育老师或者相关的体育工作者来担任，单一的来源是无法回避的问题。高等院校体育专业对学生注重裁判能力的培养，可以提升裁判员队伍，满足社会所需，使篮球运动获得更好的发展。

### （三）适应学生自身发展的需要

受到以往教学模式的影响，高校当中的体育专业对于篮球运动的基本战术过多关注，而对于相关的竞赛组织和裁判能力却关注极少，因此，难免影响学生综合能力的提升。作为篮球裁判员不仅需要身体素质良好，裁判理论和实践丰富，还需要具备一定的协调能力和团队协作配合能力，当遇到各种状况需要果断、冷静、灵活地进行问题的分析并及时解决。注重学生篮球裁判能力的培养一定程度上有助于学生综合能力的快速发展，学生不仅可以掌握篮球运动的基本技能，还可以更为深刻地了解篮球运动，从思维和行动层面真正实现转变，从而满足社会对于篮球裁判员的需求。

## 三、提高体育专业学生篮球裁判能力的途径

### （一）提高认识，重视篮球裁判能力的培养

想要篮球比赛顺利开展，裁判工作不可忽视。高校当中的体育专业学生有效提升裁判能力，不仅可以深入学习篮球运动，还可以真正促进篮球教学以及篮球竞赛。现有的高校

体育篮球运动的教学过程当中，往往存在着教学不足，有些师生更为关注战术和技能，而忽视了裁判能力和组织能力的提升。如果有些学生只能够成为运动员，而不能担任裁判，无法完成篮球比赛当中的裁判工作，那么显然与应用型体育人才的培养目的不相符合。所以，高校当中的体育专业师生必须清晰地了解和学习篮球运动裁判方面的相关知识和技能，明确篮球裁判能力培养的重要性。高等院校体育专业应该将篮球裁判能力作为重要的教学内容，真正培养出适应社会需要的专业人才。

### （二）打好裁判理论基础

篮球裁判的理论基础涵盖了裁判法规、篮球规则、裁判战术等等相关层面。体育专业的学生不仅需要了解裁判法规和裁判规则，还需要了解基本的技能和战术，及时判断场上队员可能会用到的相关技能和战术，这样最终才能够果断且准确地做出相应的处罚。所以作为体育专业的教师应该结合多种方法来让学生了解裁判相关的理论，除了进行日常的裁判理论课程以外，还需要在教学当中加入裁判方法和战术分析，这样学生才能够真正有效地掌握裁判工作的具体内容，明确不同的情况如何进行正确的判罚。

### （三）重视裁判基本功的培养

手势、鸣哨和移动都是属于篮球裁判员的基本功。体育教学在日常的教学当中应该让学生明确鸣哨的正确方法，然后在规则的要求下进行手势的相关练习。只有通过不断重复地练习，学生才能够最终掌握鸣哨和手势。众所周知，篮球比赛激烈而快速，因此，对裁判员的体能有一定的要求，裁判员在篮球比赛进行的过程当中需要不断移动，才能够选择最佳的角度看清楚队员是否存在犯规或者违例的动作，然后第一时间进行判罚，各种错判和漏判都要尽量避免。日常教学当中，体育教师需要告知学生在规则的指导下，对移动技能和路线变化有效掌握，最终做出的判罚才更有说服力。

### （四）充分利用现代教学手段

以往刻板的教学模式显然不能够满足学生对于不断提升裁判能力的渴求。体育教学进行日常教学需要借助各种教学手段来更为直观地进行篮球裁判教学，多媒体课件、动画、录像等等都是常见的教学手段，通过直观性的教学提升学生的感性知识，培养学生的发散思维。针对篮球比赛当中较为常见的一些违犯行为，教师可以利用视频进行细致地说明，这样学生才能有效处理这些问题。部分实力尚可的学校应该及时记录篮球比赛的整个过程，并进行后续的教学分析。体育教学通过战术和技术对比赛过程进行分析，这样加深学生对于篮球比赛相关内容的理解。现代化的直观技术用于日常教学，能够更为清晰地了解整个队伍存在的问题。所以，有效利用现代化的教学手段能够大大提升教学的实际效果，不断扩大教学信息的深度和广度，让学生的裁判能力明显提升。

## （五）加大课时分配，注重裁判能力的提高

针对目前篮球教学内容进行一定的调整，相应的裁判教学课时也会增加，当然教学当中战术和技术的裁判能力教学比例也需要进行调整，大大增加篮球比赛当中的裁判实践内容，让篮球裁判的教学力度有效增加。相信通过一定的全面学习，体育专业的学生不仅具备裁判员的专业素质，而且业务能力和思想素质都能够达到标准。

## （六）注意在技战术教学中培养学生的裁判能力

高校体育专业中篮球教学重要的一项任务就是培养学生的组织能力和裁判能力。体育教师进行教学过程当中，需要根据规则的具体要求来进行要点的分析，让学生明确怎么样的行为才是合理的。比如进行持球的教学，对于合理合法的防守位置应该最先进行介绍，然后再进行突破环节的讲解。这样的讲解模式能够掌握持球突破技术，了解规则精神，让学生真正领悟。这样，学生不仅学习篮球运动的战术和技术的兴趣大大提升，而且裁判能力也得到了全面地提升。学习能力和裁判能力在一定程度上是相辅相成的，二者具有紧密的联系缺一不可。

## （七）合理进行课外培训

除了日常的课堂教学，还可以增加一些诸多培训班的形式，让学生全面且系统地了解以往所无法了解到的篮球规则、法规等等。体育教学应该将理论和实践紧密结合起来，在进行理论知识的讲解过程中，需要加入各种的录像和实践，让学生能够学到以往课堂当中所无法获得的知识和技能。当然在培训告一段落，体育教学可以组织各种理论和实践考试，让学生积极参与。如果考试合格，那么则会颁发相关的篮球裁判证书，这样学生的积极性更高，并逐渐具备篮球裁判的能力和资格。

## （八）尽量给学生创造临场实践机会并加强指导

在课堂教学的基础上，学生往往获得了一定的裁判能力，那么教师可以组织各种篮球比赛，让学生去进行篮球裁判工作，体育教师针对学生的裁判工作整个过程给予明确地指导，这样让学生的裁判能力全面提升。当然经过一定的历练以后，体育教师还可以进行外部活动的联络，让学生的裁判工作不仅仅局限在校园当中，更能够走出校门，去进行校外、社会以及行业篮球比赛的裁判工作。通过各种篮球比赛活动提高裁判工作的锻炼，他们的裁判能力才会得到明显地提升，这是以往传统理论教学所无法达到的效果。

# 第五节　高校篮球教学中团队精神的培养

当前我国高校体育专业在培养学生篮球裁判员时，往往采取传统的嵌入式讲授教学方式，无法激发学生的学习兴趣，更无法体现以学生为主的教学理念，大大制约了学生篮球裁判培训的效率与质量。本节主要对高校体育专业学生进行篮球裁判的培训策略进行探析。

## 一、高校体育专业学生篮球裁判员培养条件及要求

随着各项体育活动的不断商业化、职业化及社会化，要想成为高水平的篮球裁判员，担任高质量的篮球裁判任务，就必须具备较高的裁判水平，即不仅要具备相应的篮球裁判员知识，还应具备较高的体能等综合能力。这样才能确保在担任高水平篮球比赛中能够游刃有余。

### （一）我国篮球各级裁判员的基本条件

在我国，对篮球裁判员也有具体的等级化分，并按照相应的等级担任不同级别比赛的篮球裁判员。根据《中国篮球协会裁判员管理办法》的相关规定，可以将篮球裁判员分为7个级别，从高到低分别是荣誉裁判员、国际级裁判员、国家A级裁判员、国家级裁判员，及一、二、三级裁判员。裁判员级别的评定应有相关部门负责考核与审批。比如，国际级裁判员的评审则由国际FIBA篮联进行。对各级篮球裁判员的相应能力与素质，也做出了相应的规定。

### （二）高校体育专业培养学生篮球裁判员应具备的素质与要求

高校体育专业学生要想发展成为篮球裁判员，并不是无条件，其应具备相应的基本素质及要求。其包括政治素质、人格素质、职业素质等综合素质，还应具备相应的学习能力、沟通能力、应变能力、判断能力等综合能力。首先，学生篮球裁判员应充分了解国家的相关体育工作方针、政策及法律法规等，随时了解篮球运动的发展与改革方向，熟练地掌握好篮球的技术与战术知识。还应熟练掌握并能灵活利用我国的篮球竞赛规则及裁判员手册的相关内容。其次，要具备相应的综合能力，包括语言表达能力，沟通能力，团队合作能力、随机应变能力、判断能力、抗干扰能力、答疑解惑能力、战术实践能力等。另外，对于国际的裁判员，还应熟练掌握英语等外语，熟练利用计算机进行相应的信息处理与操作等能力。再次，篮球裁判员还应具备相应的政治素质、人格素质、职业素质。热爱国家、拥护党的领导，富有社会责任感，遵纪守法、团队协作，具有正确的人生观、价值观与世界观的高素养人才。

## 二、培养高校学生篮球裁判能力的对策

### （一）提高篮球裁判技能的教学效率与质量

根据我国当前高校篮球裁判教学的现状，据相关实践调查发现，高校中 60% 的学生认为当前本校篮球裁判课的内容不充足，尤其是裁判技术方面更是缺乏。针对该问题，高校应想办法解决，丰富篮球技能教学的内容，这样才能提高篮球裁判技术教学的效率与质量。例如，教师可以将篮球裁判技术运用幻灯片等多媒体形式展现给学生，这样不仅可以提高学生学习的积极性，而且还能使学生真正掌握篮球理论知识与裁判技术知识。再如，教师可以将课堂安排成比赛实战现场，并在实战中不断穿插篮球裁判的内容，这样的讲述更具有针对性，更易被学生理解。另外，为了更好地进行裁判技术教学，高校还可以专门增设裁判技术技能课，让学生们更好地掌握裁判技能。比如，裁判员在执裁过程中的跑位、分工、动作，手势等，确保学生将最基本的裁判技术掌握扎实，并通过本校的选修课、讲座等，提升学生的篮球裁判技能，全面提高篮球裁判技能的教学效率与质量。

### （二）增设篮球裁判选修课

传统的篮球裁判教育培训方式，仅是嵌入式的讲授，忽略了学生为主体的教育理念，更无法培养出高水平的篮球应用型人才。所以，高校应创新篮球培养的方式，激发学生的学习兴趣，进而提升篮球教学水平与质量。例如，可以在高校体育专业的学生中开设篮球裁判选修课，带动那些对篮球裁判员感兴趣的学生加入到学习中来。从当前的现状来看，虽然体育专业的学生对篮球裁判员的兴趣非常高，但是很多高校还没有开设篮球裁判员的选修课。增设选修课，不仅能使学生端正学习篮球裁判员的动机，还能为感兴趣的学生提供最有效的学习途径，提升本校学生篮球裁判员的教学效率与质量，为社会培养出更多、更有用的高水平篮球裁判员，为学校树立更好的形象。另外，还可以开展讲座，或者比赛等方式的活动，全面提升学生篮球裁判员的培育水平与效率。

### （三）创新篮球教学方法，提高学生们的学习兴趣

当前高校在篮球裁判教学实践中，多采用传统单一的教学方式，根本无法激发学生的学习兴趣，更无法提高学习效率。所以，高校教师应创新篮球裁判员的教学方式，以学生为主体，充分体现以人为本的教育理念，全面提高学生的学习兴趣。比如，可以将枯燥无味地嵌入式讲授方式进行改革，将讲授的内容以多媒体的形式展现给学生，这就要求教师掌握好最基本的计算机知识。利用多媒体技术进行教学时，教师可以一边让学生观看视频或者照片，一边给学生们讲解主要的裁判技能知识，大大激发了学生的学习兴趣，提高学习效率。另外，也可以运用游戏教学方法进行教学，在游戏中让学生学会吹罚手势、走位、动作等最基本的裁判技能知识。无论是哪种教学方式，都是为了提高学生的积极性与学习

效率，所以教师在教学中应注意在总结成功教学经验的基础上，不断地对教学方式进行创新，以期全面提升篮球教学的质量与效率，培育出更多更优秀的篮球裁判人才。

### （四）高校应与篮球协会建立更好的合作关系

当前，我国各地篮球协会裁判员队伍的建设离不开各高校人才的输入。所以，高校应做好相应的工作，设立相应的部门，专门与篮球协会进行沟通与合作，将本校的优秀裁判人员及时地输送到篮球协会中来。这样一来，不但可以让本校学生获得作为篮球裁判员实践的机会，在实战中全面提升自己的水平，而且还能不断地为篮球协会注入更多年轻的力量，提升协会的业务水平。与此同时，高校也可以不定期地邀请篮球协会高水平的裁判员以开设讲座的形式向本校学生讲述有关篮球知识及篮球裁判技能知识等，进一步提升学生们的知识水平，拓展学生们的视野，激发他们的学习兴趣。另外，篮协可以利用自身的资源，为学生们提供更多的实践机会，或者为学生们提供更多观摩实战比赛的机会，进一步提升学生篮球裁判员的技能水平，也能为篮球协会及时地输入更多优秀的裁判人才。

### （五）构建"篮球课＋选修＋高水平学生裁判队伍建设"的培养模式

当前在高校学生篮球裁判员的教学实践中，比较成功的教学培养模式就是"篮球课＋选修课＋高水平学生裁判队伍建设"模式。从该模式中不难看出，其是一个综合的培养模式。篮球课，其教学任务就是负责培养学生的篮球基础知识和篮球裁判技能基础知识，包括裁判员的分工、跑位、手势、吹罚、动作等。选修课的教学任务就是为那些想在篮球裁判员中获得进一步发展的学生，提供实践吹罚、走位、分工、手势等技能的练习，在练习中更好地掌握和运用篮球裁判技能知识。与此同时，教师在设置比赛教学中，让学生们练习最基本的篮球裁判技能动作，尽量地将学生培养到三级裁判员的水平。而高水平学生裁判员队伍建设，是在篮球课与选修课的前提下，教师根据学生们在学习中的学习态度、学习能力、学习水平、人格素质、职业道德等综合素质，然后再根据平时与最后的考核成绩，选择较高素养与水平的学生进入到高水平裁判队伍的建设中来。而对这些高水平篮球裁判队伍进行教学的方式，高校当前普遍采取的方式是"师带徒"的方式。而这种教学方式因为存在太多的缺陷，诸如培养数量低，受老师影响大，获得实践机会少而不均等，根本无法适应当前学生们的需求。学生们需要的是更多实战练习的机会，并在实战练习中得到较高水平教师的指点，进一步提升自身的裁判技能与水平。所以，高校在对这些高水平篮球裁判员队伍进行教学时，应创新教学方式，改变传统单一的"师带徒"教学方式，可以由学生自己负责管理，如设立学生会，由学生会裁判主席、委员、组长对组员具体的活动进行组织领导与管理。比如，在对学生进行考核或者训练时，由学生会主席与学校、老师联系，协调或者汇报具体的工作，并对具体的工作进行负责。这种模式不但更科学，更能锻炼学生的能力，而且能进一步激发学生们的热情。因此，教师在培育学生篮球裁判员的过程中，应根据篮球运动的发展方向与趋势不断地创新教学方法，摒弃传统单一的教学模式，在教学实践中不断地探索与创新教学方式，全面提升学生们的学习水平与质量，提升自己的教学水平，为国家培育出更多优秀的篮球裁判员人才，推动高校体育教育事业的稳定发展。

高校体育专业担负着培育高水平体育人才的重要使命，所以高校要根据国内以及国际篮球发展的趋势，不断地创新教学方法，提升本校的体育教学水平，顺应国际体育的大浪潮。我国篮球裁判的水平还需要进一步提高，所以高校在培养篮球裁判员的过程中，要充分利用本校的教育教学条件，加强与篮球协会的沟通与合作，教师在教学过程中不断地创新教学方式，拓宽学生实践的路径，建立健全学校的考评体系等，全面提升高校学生篮球裁判员的学习水平与能力。

## 第六节　高校篮球公共课改革与学生兴趣的培养

随着篮球改革在高校广泛开展，通过转变传统篮球的教学方式，运用兴趣引导的方式激发学生产生学习篮球的兴趣。但目前，各高校公共篮球课程的教学仍存在较多的问题，应依据篮球教学的基本要求，以激发学生的学习兴趣为主，满足不同层次、水平的学生需求，促进我国篮球教学水平逐渐与国际水平接轨。

在体育教学中大学公共篮球课程是一项比较重要的教学内容。[①] 在大学公共体育课程中，篮球的选修课中的学生人数比例是比较高的，这也可以看出学生对于课余体育还是比较看重的，而篮球就是他们最常选择的运动项目之一。篮球选修课程在高校开设为学生提供了更多的选择，也更加丰富了高校的课程类型。大部分篮球教学运用的还是传统的方法，这种教学方式没有全面地考虑到篮球最基本的特点以及高校不同学生间的差异，这对提高学生素质、激发学生潜能、获得较好的教学效果都是非常不利的。

只有对篮球教学改革进行全新的探索，改变传统的教学模式，才可以让高校篮球公共课在高校体育教育中发挥更大的作用。[②] 在高校体育教学中，篮球教学是高校体育中最为重要的内容之一，高校体育教师要对学生进行有针对性的、有目的的、有计划的教学指导，才可以在教学的过程中，发挥学生参与的主动性，激发学生学习的兴趣，从而更好地掌握相关的篮球技能、相关知识，有利于促进学生身体素质的提高，增强学生的运动能力。可以说，在这样的一个过程中，运用正确的兴趣方法进行教学可以提高教师的教学水平，增加学生学习的动力，对于提高篮球的教学质量有非常重要的影响。

## 一、高校公共篮球选项课程教学现状

教师在篮球的教学过程中要运用正确的教学方式，诱导教学法在篮球公共课教学中的

① 吴秀莲．高校篮球教学改革影响因素及发展趋势探索 [J]．改革与开放，2011，23（8）：156-157.
② 林政梅．普通高校篮球教学改革的思路 [J]．福建师大福清分校学报，2008（02）：287-288.

教学效果非常明显。诱导式的教学方法在篮球的教学中可以更好地激发学生对篮球的兴趣，促进学生对篮球相关知识的掌握，让学生可以主动参与到篮球的学习中，有利于促进在校大学生身心的全面发展。兴趣在学习的过程中扮演着非常重要的角色，在体育学习过程中也是如此，对体育学习的兴趣则体现在学生在学习体育的过程中对它不断地进行探索。在篮球的学习过程中，也是通过激发学生对于篮球学习的积极性，让学生对篮球这项运动产生非常浓厚的兴趣，可以在自愿的情况下积极参与到体育运动中来，调动学生学习篮球的积极性[①]。

我国许多高校的篮球课程多以选修课、选项课的方式开展，为满足学生的学习需求提供了较好的途径。篮球运动是一项集对抗、竞争、娱乐、观赏为一体的综合性运动，对场地和人员的限制也不是很大，非常适合大学生日常的锻炼。这也是篮球这项运动可以在高校受到众多大学生喜欢的原因之一。但是随着篮球的发展，这门课程凸显出一系列的问题，如高校学生的篮球水平存在差距；大部分高校学生的身体素质还处于较弱的层面上，尤其是女生，对于篮球没有正确的、足够的认识，甚至一些学生还会对篮球这项运动感到害怕，而不愿意参与到这项运动中来；选择篮球选修课的一些学生虽然对篮球有一定的了解，但都还停留在最基本的层面上，其篮球动作和正确的教学动作还有一定的差距；教学内容不丰富，篮球练习比较简单，看重篮球技能的学习，教学效果得不到有效的保证；篮球教师的教学方法比较单一，考试方式较为轻松；传统的篮球教学方式把学生的体质、技能看作教学的根本，这样会导致教师在教学的过程中比较看重学生的篮球技术、运动能力的提高，教学内容的设置不合理。可以看出，在高校学生中推广篮球选修课程有着非常重要的意义。在篮球选修课教学的过程中，高校教师一定要及时地转变自己的思想和观念，以传统的教学模式为基础寻求新的教学方法，让更多的学生可以热爱篮球选项课并且参与到这项运动中来。

## 二、公共篮球选项课程教学改革的策略

### （一）更新教学理念

随着我国高校体育改革进程不断加快，对高校篮球教学也提出了更高、更新的要求。篮球选修课的教学是建立在我国体育改革的基础上的，作为一名合格的体育教师更要时刻要求自己不断提高自己，形成一套独特的教学方法。传统的篮球教学在教学的过程中主要强调以教师为主体，忽视了学生在学习中的主导地位。现代的教学方式则转变了以教师为主体的教学方式，在教学中以学生为主体，更加注重学生的学习过程和反馈，这种教学方式更加看重学生的能力教育，为学生提供一个良好的教学环境，这也是体育教学所一直追求的目标。[②]可以看出，体育教学还要以让学生了解、掌握动作，提高素质为主要的教学目标，

---

① 黄明举. 普通高校篮球教学内容的改革 [J]. 湖州师范学院学报，2008, 30 (1)：137-140.

② 庄志勇. 我国学校篮球教学发展进程与未来展望 [J]. 首都体育学院学报，2006, 18 (5)：41-42.

特别是要注重对学生参与体育运动意识的培养。如，在篮球选项课教学的过程中，教师可以把一些具有游戏性、娱乐性的游戏融入篮球的教学活动中，让学生感受到篮球的娱乐性而不仅仅是竞技性，这样可以更好地培养学生参与体育锻炼的习惯，更好地适应社会。

## （二）进一步完善教学内容体系

要更加完善教学内容还要较合理地安排教学内容，在教学的过程中可以让学生对于知识的学习更加感兴趣，并且积极地参与进来，这也是教师完成教学最基本的目标，更是高校教师想要得到良好的教学反馈的基本要求。因此，篮球选修课的内容还要结合大学生具体情况和特点进行教学，合理调整课程，及时进行改变，促进教学内容向着更加趣味性、科学性、合理性的方向发展，尤其是在教学过程从传统的教学向现代教学改变的过程中，教师在教学过程中一定要向着体育方法、活动、动机的方向发展，更加强调可持续性、参与性、娱乐性和实用性，以培养学生的学习兴趣为目标，可以让学生更加主动、自觉地参与到篮球的运动中来。在篮球的教学过程里，教学的基本目标不是教授学生篮球的技能，而是应该多方位对篮球进行讲解，让学生可以全面地了解篮球并且喜爱这门课程。高校篮球教师应该运用丰富的知识，生动的课堂教学充实学生的篮球知识，让学生可以更加主动地参与到这项运动中来，提高自身的素质。

## （三）教学模式更加科学，提高教学效果

传统的篮球教学方式是以教师为主导的教学，在具体的教学过程中没有注重和理论的联系，教学过程过于简单、僵化，过分的注重技术的练习。现代的篮球教学方法在传统的教学方法上融入了以兴趣激发学生学习意识的教学方式。这样的教学方法更加科学，不但是对传统教学方法的总结和吸收，而且这两种教学方式相互促进、相互影响，满足学生具体的学习需要。所以，作为高校选修课的篮球，教师在教学的过程中，应该把握教材的实际情况，注重理论和实践相结合，通过现代的教学方式把篮球带入到高校的教学中，突出篮球的游戏特点，拓展篮球课程的教学时间和空间，以兴趣调动学生学习的积极性，养成学生通过篮球运动的习惯，逐步培养学生对于篮球这项运动的热爱并可以自觉进行锻炼。

## （四）积极探索，寻找科学的考核评价方式

高校的篮球公选课程在考核的过程中基本上都是以测试的方式进行，这种方式还是更加看重学生的考试结果，而没有真正考虑到教学的整体过程。这样的考核方式是非常不全面的。不同学生间存在差异，如果考核的方式都以测试为主，会忽视学生的差异，放大问题，不利于学生对于这门课程的学习。因此，作为高校公选课的篮球教师在教学中还要不断地学习，找到一种适合学生的考核方式，让学生可以真正认识到在学习的过程中考试不是目的，而是对这门课程教学效果进行评价的一种方式。在这一过程中需要特别注意让篮球教学和考核的方式相结合，建立起一套有利于学生学习的考核方式。高校的考核方式和

篮球技术相融合，建立起更加高效的评价体系，可以在和我国体育教学改革相呼应的同时，也可以促进我国体育教学向着更高、更快、更强的方向发展。在高校篮球的选修课中，教师及时记录学生在学习过程中态度和变化并给予一定的评价，可以更好地展现出学生在学习篮球过程中的变化并且及时地进行改进，通过这样的方式有利于提高篮球选项课程的教学质量，更好地调动学生参与篮球学习的积极性，可以让学生在学习篮球的过程中感受到快乐。

### （五）建立课程网络平台，拓宽教学途径

高校网络建设的不断完善，越来越多的学生参与到网络学习中来。根据学生的这一特点，高校的篮球选项课也可以建立起网络的学习平台，让学生可以通过网络学习到篮球的相关知识，进一步拓宽篮球的教学途径。因此，在篮球的选项课教学过程中还要结合篮球的教学特点，把篮球课程资源传输到网络上，为学生提供更广泛的教育方式和学习方法，让学生从简单、传统的教学方式转变为更加多元化的学习方式。这样的学习方式在促进高校学生更好发展的同时还可以全面促进他们参与到篮球这项活动中来，建立起自主学习的平台。学生在学习时不会受到任何时间、地点、内容的限制，还可以帮助学生对所学到的知识进行复习和巩固，满足不同层次学生的学习需要，提高学生学习的主动性。

## 三、提升高校大学生篮球选修课兴趣的途径

### （一）做好篮球教学的设计与学情分析

大学生的篮球教学和其他层次的篮球教学不同，在学习的过程中是为了可以让学生更多地学习篮球相关知识和技能，提高大学生对于篮球这门运动的兴趣，让学生可以进行自我锻炼，最终实现学生终身锻炼的目的。在高校的篮球教学过程里，教师还要及时地转变教学的观念，体现学生的主体地位，并根据学生的个体特点制定适合大学生身心特点的教学方式，满足学生个体的发展和学习的需要。根据大学生的年龄层次和发展特点，在进行篮球教学的过程中，教师的教学不能以竞技为重点，而是应该偏重于游戏的方式，以篮球的知识和技术作为教学的重点，并在具体的教学过程中融入一些游戏性的教学。

### （二）以兴趣为导向进行预设诱导

高校教师在教学的过程中应该注重篮球教学的方式，向着创新、趣味性的方向发展，利用大学生的优势提高大学篮球教学效果。通常情况下，高校学生对于学习新的知识有较强的欲望，反而对于一些单调的、重复性较强的知识会产生厌烦感。所以，教师在篮球的教学过程中，运用传统的教学方式必将不会受到学生的青睐，通过兴趣的诱导方法可以让学生对于篮球这项运动有更大的兴趣。兴趣诱导方式最大的特点就是可以让学生更好地了解篮球这门课程，吸引学生对篮球产生较大的热情，从而更加积极地参与到篮球这项运动

中来。大学生选择这门课程，就表明他们对于这项运动已经产生了学习的欲望，这时基本完成了教师对学生的诱导工作，接下来是如何让学生热爱这项运动，并进一步激发学生学习篮球的兴趣。

## （三）以游戏和教学比赛为手段实施兴趣诱导

在高校篮球选修课的教学过程中，教师不能运用固有的教学方法进行教学，还要将篮球和游戏相结合，可以更加有效地吸引和刺激学生，让学生在学习过程中获得较好的情感体验，更加有效地提高学生对于篮球的学习兴趣，并且主动地参与其中。高校学生学习篮球还需要了解篮球的理论知识，为学生打下坚实的学习基础。篮球这项运动早期是源于一项游戏，随着不断地发展，篮球这项运动在具备游戏功能的同时，还可以增加体能锻炼、提高智力、娱乐身心的目的。

## （四）构建和谐民主的篮球教学氛围

在篮球选项课教学过程中，还要注重对学生兴趣的培养，以激发学生学习篮球的积极性和主动性，让学生在学习篮球的过程中可以增加对篮球的热爱，提高运动能力。教师在教学的过程中要为学生建立起良好的课堂环境，并且可以有效地提高学生的学习效果。教师可以在课堂上设置一些游戏或是比赛等内容，让学生切实感受到篮球的游戏性和竞争性。在篮球的学习中，如果让学生只是一直学习篮球的动作，会产生一定的厌烦感，如果增加篮球运动的趣味性，则可以让学生体会到学习篮球的乐趣。

综上，通过对篮球教学的改革，可以让高校学生更加热爱这项运动，掌握篮球的基本技能，满足不同学生的需求，才会得到更好的教学效果。但是体育的教学改革不是一个短期的工作，而是一个长期的工作，需要教师在教学的过程中不断进行研究和探索。在篮球的教学过程中，教师通过兴趣引导可以帮助高校学生提高学习篮球的信心，发挥篮球运动真正的作用。高校教师在了解篮球学习的目标后，需要改善篮球运动教学设计、篮球教学环境、课外篮球开展情况，为高校学生建立良好的学习环境，促进高校学生身心更健康的发展。

# 第四章 球场技战术

## 第一节 移动技术

篮球是现代奥运会中的核心体育项目，属于身体对抗性体育运动，运动员的运动主要关键在于手。在篮球运动进行过程中，运动员必须要娴熟地进行移动，以此来快速改变运动方向、所处的位置以及移动速度，同时还要保持整个身体的平衡，运动员要始终把握稳定的站立姿势，进而完成攻守活动。现代篮球移动技术不仅会被应用于进攻活动中，在防守阶段同样也起到重要的作用。本节结合篮球比赛特点分析现代篮球运动中应用的移动技术。

在进行体育运动时，把握运动技巧，应用正确的训练方法，保持合适的训练强度均起到重要影响。篮球运动不仅会考验运动员的身体素质，同时也会考察其运动技巧，在进行篮球运动时，运动员必须针对不同的情况灵活运动各种移动技术，常见的移动技术包括投篮移动、接球移动、篮板球移动以及摆脱移动，对于比赛结果均会起到决定性影响，要根据赛场上的局势来选定移动方法。

### 一、移动技术概述

现代篮球移动技术是指在篮球比赛中队员不论是在攻与守，还是在有球和无球状态下。为了达到战术目的，选择与抢占有利位置，争取时间和空间所采用的与各种持球技术相结合的脚步动作方法的通称。简言之，现代篮球移动技术就是除队员控球技术外的所有脚步移动的总称。它既要符合人体运动生物力学原理，又要符合竞赛规则。它在比赛中表现出很强的攻守技术特点，它不仅是其他技术的基础，还是一项非常重要的专门技术。

### 二、主体技术系统分析

移动意识应理解为队员在篮球比赛中对技、战术运用规律性的认识，它是队员在参加篮球运动实践活动中逐步积累与丰富起来的，从而能在比赛中自觉地、能动地指导自己根据攻守的具体情况和按战术意图采取的行动。运动员在比赛中移动正确与否，关键取决于观察、判断和思维的正确与否。队员在比赛中要用战术观念去观察和思考问题。善于观察才能做出正确的判断，队员不仅要洞察对方的攻守打法和场上双方队员的部署，更重要的是掌握比赛的规律和双方队员的行动意图。

篮球比赛之所以精彩纷呈，具有很强的可视性，其主要原因就在于队员在攻守对抗中能灵活多变地运用技战术。而要能这样关键取决于队员的移动应变能力。队员只有具备了这种能力才能在比赛中得心应手、运用自如。移动应变能力关键取决于队员移动技术组合是否具有很强的攻击性和实效性，其次是队员移动组合是否具有较强的隐蔽性和合理性。队员应利用移动在组合上、节奏上、方向上、速率上的变换，来争取主动，使对手被动挨打。

移动的对抗在篮球比赛中大致分为三种：即无球对抗、有球对抗和篮板球对抗。这三种对抗既体现在队员身体素质、技战术、心理和智能上，而且还体现在攻与守、快与慢、地面与空间、内与外、动与静的对抗中。在现代篮球比赛中，队员无论是处在攻或守还是有球无球状态下，任何形式的移动都是处在激烈的对抗中。所以，队员在移动时，首先要树立敢于对抗的信心，其次是在身体上、动作上，敢于接触，充分发挥移动技术。这样，才能在激烈的对抗中去完成攻守任务。

## 三、正确运用移动技术

### （一）运用投篮技术

在篮球赛场中，投篮技术极为关键，投篮的命中率甚至对于最终的比赛成果起到了决定性的影响，投篮移动难度极高。运动员首先可以使用压迫式投篮移动的方法，负责进攻的队员需要对多种脚步动作加以使用，缩短与对手之间的距离，进而争夺更多的投篮空间，借此有效提升投篮率。移动队员可用的具体脚步动作包括后撤步、并步以及跨步等。摆脱投篮移动技术同样要求运动员有效利用脚步动作，有效摆脱对手，在躲避对手的同时还要进攻，具体可用的动作包括，向外运球、向侧方跨步接球等。假动作移动极其考验技巧性，队员可以对各类假动作加以利用，将对手的防守摆脱，占领更多的移动空间。无论使用哪一种投篮方法，队员之间都必须将配合活动做好，将多种投篮技术结合使用，使移动方式更为灵活。

### （二）运用接球移动技术

在接球时，同样需灵活展现移动技术，运动员需要集中注意力，注意篮球的移动方向，利用手臂来迎接篮球，手指向上，拇指呈现出"八"字的形状，为了使身体可以保持平衡，需要将重心降低，在确定移动方向时也要以场上的变动为主，队员在转动脚步时要考虑多个方向的转动需要，确保在接球后可立刻调转方向面对篮筐，将接球与进攻的动作结合起来，在运球移动时，需要把握拍球的位置以及力度，掌握球反弹的情况，充分做好接球与收球准备工作，在整个运球环节都要保持动作的流畅性。

### （三）运用移动摆脱技术

在篮球比赛过程中，将移动技术与摆脱技术结合使用也极为重要。常见的摆脱动作包括假动作摆脱、同伴掩护摆脱以及起动摆脱等。在运用摆脱移动技术时必须把握时机，否则移动摆脱活动的应用效果并不能有效展现，甚至还会有其他移动动作，队员需要根据自己在球场中所处的位置，做出精准判断，协调好自己与球篮以及球之间的关系，仅仅把握优质的摆脱时机，最快确定路线，球队中的运动员要保持默契配合，彼此之间可以了解对方的意图，进而将摆脱方向确定好，队员可以从自己习惯的攻击点将对手摆脱，同时还要缩短与球篮之间的距离，摆脱动作不可一直保持固定，要保持多变，球队队员的良好配合也是关键。

### （四）运用防守移动技术

在进行防守移动时，必须要以实际情况为主，考虑到无球队员存在的防守需求，不可让对手球员在其攻击区域拿到球，必须将其与篮球之间的联系切断，即使对手球员接到球，也要使其处于被动位置，处于防守位置的球员必须预先将对手球员的位置确定下来，把握球篮与篮球的位置，将包括碎步、交叉步、滑步、扯步以及上步等多种脚步动作结合应用，从多个角度进行防守活动。

### （五）运用篮板移动技术

篮板球移动技术实际上就是攻守队员抢占有利位置和空间的过程。抢占有利位置是抢篮板球技术的关键。无论进攻队员还是防守队员，都应设法抢占对手与篮板之间的有利位置，力争把对手挡在身后。抢占位置时，应根据对手和投篮队员所处的位置，正确判断篮板球的反弹方向、距离，运用快速的脚步动作，配合身体动作抢占有利位置。抢篮板球以双脚起跳为主，因此要能够在各种情况下做原地双脚起跳，同时要结合滑步、上步、撤步、交叉步、转身、跨步等步法快速起跳。防守队员一般多采用转身跨步和上步起跳的方法，进攻队员则多采用交叉步摆脱上步双脚起跳和单脚冲抢的方法。此外，还应掌握向侧上方、后上方和连续起跳的移动起跳动作。

现代篮球运动对于运动员的综合能力有较高的要求，运动员必须要兼顾体能、技巧与经验。在篮球比赛中，能够正确应用移动技术是非常关键的，本节围绕篮球运动过程中应用的主要移动技术展开研究，并给出了技术应用方法，无论是在日常的训练中，还是在正常的篮球比赛中，均须重视移动活动，运动员还要将移动技术与其他进攻防守动作加以结合，灵活地移动自己的身体，在确定训练项目时，也要将移动技术水平提升当作重点项目。

# 第二节　传接球技术

传接球作为篮球运动中最基本的基础动作，是篮球运动进攻的最有效配合方式，也是进攻中使用最多的手段。在当代篮球越来越讲究团队化的环境下，传接球的技术应用以及针对其训练方法地设计成了必不可少的研究方向。传接球作为一种有效串联队友的枢纽，更需要细致地研究其技术特点和方式以及针对如何改进传接球的技术。本节通过对传接球的技术应用及训练方法的相关文献对传接球技术应用及训练方法进行阐述，为今后研究传接球的技术应用及训练方法提供理论基础。

篮球的传接球技术是其运动中最基础、最基本，也是最重要的技能，它是有目标地处理篮球比赛进攻球员之间的一种方法，是连接各进攻球员进攻的枢纽。它是球员在每一场比赛组织进攻的重要方式，是一个具体的实现方式的技巧与策略合作。它是建议安排攻击战术的根底，是球队制胜的必备要素和制胜之道。在对抗日益激烈的篮球比赛中，在防守能力不断提高的前提下，无论是进攻还是防守，传球球员需要的技术和对战术素养的需求也越来越高。提高球员技术和战术素养的传球可谓当务之急，本节运用文献资料法、专家访谈法、逻辑剖析法对传接球技术进行剖析，为高校学生的篮球传接球技术提高做铺垫。

## 一、篮球传接球技术的理论内涵

### （一）传球的概念

篮球传球技术，主要包括双手胸前传球，单手肩上传球，单手侧传球，行进间传球的技术。传球技术是篮球的基本技术，篮球是一项团队项目，练习传球技术是非常重要的。采用何种方式传球取决于实际情况。常用的传球方式有以下几种：

1. 双手胸前传接球

双手胸前传球是最基本最常用的篮球传球技术。一般在中近距离运动双手胸前传球。双手胸前传球是传球技术的基础，具有准确性高、容易控制、便于变化的特点。其动作方法是持球时，两手五指自然分开，拇指形成"八"字形，用指根以上部位握球的侧后方，手心空出，两肘自然弯曲于体侧，将球置于胸前。肩、臂、腕部肌肉放松，两眼注视传球目标，身体保持基本站位姿势。传球时，后腿蹬地，身体重心向前移动，同时两臂前伸，手腕由下向上翻转，同时拇指用力向下压，食指、中指用力弹拨，将球传出。出球后手心和拇指向下，其余手指向前。

2. 双手击地传球

击地传球通常用来将球从防守队友张开的手臂下传出。双手击地传球的技术要领与上面讲到的从胸前传球一样，只是球传出时手指向下用力，使球碰地板反弹后，到达接球队友的腰部位置。

### 3. 低手传球

低手传球是一种近距离的传球，通常用于将球传递给离自己较近的队友。用手指托住球的下半部，伸臂出球时，向传球方向迈一步，做随球动作时固定手腕，也将球传向接球队友的腰部位置。

### 4. 双手头上传球

在篮球比赛中抢到篮板球的队员，经常用这种方式将球传给位于远处前场处于有利位置的队友。双手头上传球可以越过防守队员，并且可以传得很远。双手从球的两侧面持球（手指尖朝上），置于头顶，肘部微屈，向传球方向跨一步的同时手腕向后转，球移至脑后，将球向前抛出，手腕向下转发力（同时要做好随球动作）。

### 5. 单手肩上传球

单手肩上传球是篮球中常用的中远距离传球方法。单手肩上传球，用力大，球飞行速度快，利于抢到篮板球后迅速组织快攻。其动作要领是单手持球的后下方，利用蹬地扭腰、转肩动作，向前甩臂、扣腕将球传出。

## （二）接球的概念

目前接球方式一般为双手接球：两眼注视来球，手指自然分开，两拇指相对"八"字形，两手成半圆形（球形）。来球前，主动伸臂迎球，肩臂腕指放松。接球时，指端先触球，同时两臂随球后引缓冲来球力量，并做好衔接下一动作的准备姿势。动作要点：主动迎伸，触球后引。接球一般分为正面双手接球和背对篮筐接球。正面双手接球一般为外线倒球，防守压力小，故只须做反跑即可轻松接球。而背对篮筐接球的关键在于接球前的要位。要位时队员不要在原地等着接球，而要根据球和防守队员的位置，不断地运用各种碎步结合转身要位。

传接球技术是篮球运动中所有技术中最基础、最基本的技能，是一场比赛中实施战术以及加强比赛流畅度的重要手段。在比赛中发挥着特殊的作用和独特的效果，一方面可以提高对球的运行速度以及全体队员进攻的流畅度；另一方面可以加强比赛的观赏性，加强竞争意识，还能破解对方防守，构成部分进攻优势，可以全场压着对方的节奏，使对手有劲使不出。篮球传接球技术不仅是对篮球这个项目淋漓尽致地诠释，也是对运动流畅性，唯美健康的极大体现。篮球传接球技术是篮球项目不可替代的独一无二的"丝绸之路"，没有什么技术能替代这个串联整个团队的技能，无兄弟，不篮球，恰恰是团队篮球的最好体现。

## 二、篮球传接球的技术训练方法

笔者通过在学校教学期间对学生的教学，经过系统整理制定了以下几个训练：

### （一）发力与消力

上第一篮球课，笔者发现学生们的传接球技术非常粗糙，于是重点对他们采用发力消力的教学讲解与示范，通过脚蹬地，重心的起伏来完成教学。主要练习学生各种位置和方向的传接球，保证力量的恰当性——对于传球员而言，最佳力度是接球球员不用消力便可以直接运球或者进攻；对于接球球员而言，需要第一时间化解传球的力量直接转化为运球或者进攻的动作。经过一节课的练习，学生能够熟练地通过重心移动来控制发力与消力。

### （二）传接球位置

在掌握了发力消力，确保传接球质量后，给他们制定了更加严格的目标，就是传接球的位置。首先确定最佳的传接球位置是齐胸传接球，也就是传球者把队友的胸口高度作为传球目标点，保证队友举起手能够顺利接到传球而不需要调整动作就可以选择进攻。训练时强调传球路线平实，不需要弧线，学生在经历了频繁掉球，反应接球难后，渐渐地在融入发力消力之后，初步掌握了传接球位置的准确度。

### （三）击地传球训练

此训练是看到队中的后卫资质还不错，又爱玩飘逸球，于是为了增加比赛的观赏性与传球的飘逸性，对其进行专门的指导。击地球传接球是在当有防守球员卡在持球球员和要球球员之间的情况下，应该选择防守球员的身前身后作为击地点，以避免被抢断，长距离的击地传球把与要球球员的距离之间的三分之二点作为击地点，保证要球球员可以齐胸传球。在进行常规的击地球训练之后，增加了难度，行进间击地传球和不看人传球。由于对其有强烈的爱好与吸引力，学生们掌握得非常好。

## 三、篮球传接球的战术训练方法设计

传接球训练的最佳效果是传接球之间力量上恰到好处，接球球员不需要调整动作就可以直接开始运球快速进攻或者继续传球，不会导致任何推进速度的凝滞；而传接球的最佳线路是尽可能减少失误为准，这将在团队分组对抗中得到验证，也是经验的积累才可以完成提高的技巧。在训练队为了提高全员的整合性与战术素养，设计了以下几个训练方法。

### （一）快攻中路分球两侧的训练

快攻推进球员大多选择中路持球推进，左右两名无球球员下底，三人组快攻训练。在训练时要求中间的球员为控球后卫，呈漏斗状的三角形，当时训练一开始成功率不高，两边球员有意地在等中间球员，传球连贯性不足，问题出在中间球员与两边球员几乎成直线。在经过多次练习与指导，控球后卫留在后面跑，两侧球员侧身跑练习，可以初步进行这项简单的战术，但实际比赛中成功率与使用率均不高，有待加强。

### （二）快攻中左右路传球训练

两名球员分为左右路推进的快攻传接球训练。因为看到快攻中路分球两侧的训练对于初中生来说运用实践比赛有所难度，因此就制定了较为简单的快攻中左右路传球训练。由于之前学过侧身跑，因此行进间传球难不倒他们，但是在控制两人距离与传球点的问题上还是不够熟练，成功率不过一半，在确定传球点在身前一米处之后，距离控制在 5 米，效果大大增强。之后进行自由距离训练，效果也不错，此战术非常成功。

### （三）持球球员下底左右侧无球球员稍后的传接球训练

持球推进球员带球中路快速靠近篮筐牵制，左右路无球球员顺势推进完成进攻之间的传接球训练。由于发现球队中有攻击性比较强的后卫，笔者就将这套稍难的战术教给他们。此战术必须要有攻击性后卫撕破防线，然后到篮下吸引众多防线再分给左右跟进的队友进行上篮以及投篮的训练。在传接球的环节上，出现了默契程度不够的问题，因为事先不知道传给哪位球员，在增加了注意力与熟练程度后，这套战术运用得炉火纯青，而且在比赛中也运用得很多，成功率也很高。

篮球的传球与接球方式多种多样，传接球技术是篮球进攻中的纽带，是实行战术的基本要素；针对出现的传接球问题，对其进行技术、战术、心理的训练，全方位改变其对篮球的理解与运用。

要从思想上对篮球的传接球技术给予充分重视，要针对其制定行之有效的战术；加强运动员基本功的训练强度，尤其是注重运动员不擅长的手脚，并且鼓励他们在比赛中也要有不擅长手脚的进攻尝试，提高传球的应变能力，鼓励传球方式多样与合理化；现代篮球比赛是双方激烈的对抗。比赛它不比单纯的基本技术，也比坚强的毅力，不仅需要球员有优秀的技战术水平，还要有良好的心理素质。在平时的训练中，要以体系训练为主，在加强个体自身技术的基础上加强队员之间的默契，加强相互对抗的实践训练，注重毅力品质的锻炼，改掉偷懒不努力的作风，还要进行队员的心理素质训练。

# 第三节　投篮技术

当前篮球已经成为我国非常热门的体育项目，特别是广大的青少年特别喜爱篮球。在篮球的竞技当中，得分的方式是投篮，我们通过投篮的准确率可以判断一个球队的整体水平。投篮也是篮球比赛当中决定胜负的根本所在，因此，想要提升投篮的命中率，不仅要有强硬的身体素质，还要熟练地掌握投篮的技巧，强化学生的心理素质。基于此，本篇文章主要对篮球运动的发展历程，投篮的技术以及投篮的特点进行了阐述，对常见的投篮类型进行介绍，并且展开相对应地分析，最终对提升投篮技术提出了一些建议，供大家参考。

在篮球运动当中，最为重要的进攻就是投篮技巧，投篮技巧是篮球比赛取得胜利的关键所在，所以篮球投篮技巧的重要性由此可以看出。此外，篮球这项运动还是一种活动性极强的运动，在运动的过程中还伴随很强的竞技性。篮球运动的竞技性主要体现在投篮的过程当中，因为投篮成功就能够获得分数，所以要掌握投篮技术，这样才能够提升自身的篮球水平，接下来本节将对篮球投篮技术的基本类型进行简单的介绍。

## 一、篮球运动中投篮技术的基本类型

### （一）原地投篮

原地投篮是篮球运动当中最基本的投篮方式，在篮球比赛中选择原地投篮这对运动员的身体平衡以及全身的协调性是非常有帮助的，这项投篮技术很容易被掌握，所以在比赛中被广泛地运用到中远距离的投篮以及罚篮当中。

### （二）行进间投篮

行进间投篮的标准动作技术右手放在篮球的中心位置，右脚向前跨并且借助球体，接下来左脚立即起跳，右腿屈膝抬起，身体跳到最高点，这些动作完成后将篮球举到头部的右端，运用手腕和手指的配合，将篮球投入篮筐。

### （三）跳起投篮和扣篮

跳起投篮这种投篮方式具有突发性，它的主要特征是出球点比较高。这种投篮方式可以和一些运球方式合理地配合使用，例如在原地进行跳投，或者在运球行进过程中进行急停跳投。这种投篮的技术要领为：进行右手投篮时，两只脚要自然张开，让身体的重心落在两只脚之间，使得手臂和肩关节保持平行，在起跳时蹬腿跳起，身体的重心向后，此时球从手中投出，在落地时要注意缓冲，可以选择屈膝的方式，用这种方式尽可能地避免损伤。还有一种篮球比赛中常见的得分方式是扣篮，扣篮也叫灌篮，运动员在进行扣篮时需要纵身跳跃，全身用力将篮球放入到篮筐当中，手抓住篮筐进行缓冲，整个人的身体挂在篮筐下面，一般来说，扣篮得分的成功率是比较高的，扣篮的得分方式也是运动员强大的身体素质的综合体现。

### （四）补篮

补篮主要是指运动员在进行投篮时篮球没有进入篮筐，这时运动员可以起跳，将在空中的篮球放到篮筐当中。补篮很考验运动员的身体素质同时也很考验运动员的判断能力，运动员需要对篮球的落点进行判断，从而能够在空中抢到篮球，进而补篮得分。

## 二、投篮技术的基本含义及特点

### （一）关于投篮技术的基本含义分析

投篮是指运动员将篮球投到篮筐所采取方法的总的称呼。篮球运动中进攻和得分的手段是投篮。在篮球比赛当中，运动员能够熟练地掌握投篮的技术，提升投篮的命中率，那么在比赛当中优势是十分明显的。

### （二）关于投篮技术的特点分析

投篮技术也包含很多的特点，随着篮球运动的快速发展，投篮的技巧逐渐开始向跳投方向发展。当前，国际的篮球运动员为了能够快速地适应运动变化的节奏，以及高强度、高对抗的比赛，无论是男运动员还是女运动员，在投篮的方式上大都选择以跳投为主，这种投篮方式的主要特征为：在投篮的过程中点多面广，内部和外部能够有效融合，在比赛当中能够充分地展现出每一位球员的作用，在比赛当中无论是后卫、中锋，还是前锋都会有得分的可能。在比赛中我们经常见到，在激烈的对抗当中，进攻方的球员选择内线和外线相结合的投篮方式，多次传导球，最终跳投得分，这种方法在比赛中有着显著的效果。

## 三、投篮技术分析

### （一）切实规范投篮动作

要想让篮球运动员的投篮水平得到快速提升，那么我们首先要做的是规范篮球运动员的投篮动作，因为篮球的命中率和投篮动作有直接的关联，篮球投篮动作的规范将直接保障投篮的命中率，所以很多篮球运动员在平常的训练当中，都最先开始对投篮运动的训练，对投篮的技术和技巧进行熟练地掌握。同时，作为篮球爱好者还要经常观看篮球比赛，通过观看比赛可以了解世界顶级篮球运动员的投篮方式，在观看过程中对他们篮球命中率的准确程度进行思考，从而可以对他们的投篮方式进行借鉴，再结合自身日常的投篮方式，从而养成自身最习惯的投篮方式，这样能够在最短的时间内强化自身的投篮水平，为在篮球比赛中获得胜利奠定基础。此外，篮球的教练组也应该对运动员进行定期的投篮教学，可以采取定期考核的方式，来测试运动员投篮的规范性，对每个人形成一个特定的投篮培养方案，为提升运动员的投篮准确率奠定基础，广大的篮球界人士和篮球爱好者，应该对此重视起来。

## （二）加强运动员投篮的注意力

篮球运动比赛的胜负都是通过分数进行判定，而篮球得分高低直接取决于投篮的准确程度，所以想要得到更高的分数，那么应该多锻炼自身的投篮技巧，教练在锻炼运动员的投篮技巧时，应该注意锻炼运动员自身的专注能力，当运动员集中精力时，那么他们的投篮命中率会得到大幅度提升。所以，提升运动员在投篮的专注能力非常重要，这需要相关的教练人员做好日常的培训工作，采取具体可行的措施来协助工作，比如在运动员进行投篮时，可以适当地进行一些干扰，让其他的陪练人员来观察运动员受到干扰时投篮的变化，以及得分命中率，然后再根据相关的要点提升运动员的能力。如果运动在受干扰的情况下注意力出现问题，那么可以采取相对应的训练措施，从而不断地锤炼运动员的篮球技巧，通过这样的训练，篮球运动员的投篮素质和投篮能力将会大大提高。

## （三）提升篮球运动员的投篮自信

要想让篮球运动员的篮球技巧得到大幅度地提升，那么还要注重培养篮球运动员的自信心，运动员的自信心和运动员的投篮水平有很大的关系——如果一个运动员在球场上自信心比较充足，那么运动员在投篮的过程当中，能够充分地发挥应有的实力，而且效果是非常显著的；如果一个运动员对自身不是那么自信，那么在比赛时他们就会常常地怀疑自身的能力，在比赛的过程中不能充分展现自身的篮球技巧，从而在整体上影响运动员的比赛成绩，而运动员如果投篮的准确率下降，那么他们在赛场当中的输赢就会受到很大影响。所以在日常的训练当中，相关的教练团队就应该从语言和行动上对运动员进行鼓励，让运动员能够意识到自身在整个球队当中地位是很重要的，所以运动员会加强对自身基本功的练习，也会提升自身的自信心，在投篮的过程当中能够做到毫不犹豫地投出篮球，即使篮球在没有投中的情况下，他们也能够及时地调整自身的状态，从而大幅度提升篮球投篮的命中率，从而获得整场比赛的胜利。因此，锻炼一个运动员的自信心，对运动员的成长有着很关键的作用，不仅有助于运动员篮球技术的提升，也能锻炼运动员的心理素质，所以教练团队要高度重视锻炼运动员的自信心。

## （四）单手肩上投篮技术的应用

单手肩上投篮技术名称的来源就是投篮的姿势，运动员在投篮的过程当中由肩膀的上方用一只手将篮球投入到篮筐当中。在篮球运动当中，单手肩上投篮是一种比较常用的投篮姿势，将这个投篮姿势进行细分还分为单手肩上投篮技术以及行进间的投篮技术，这个投篮的姿势出手点比较高，所以不容易被抢断，而且在运球过程中能够和其他进攻技术密切融合，所以在投篮的姿势当中是非常实用的。

在进行单手肩上投篮时需要注意以下几个方面：第一，在抓球的时候五个手指要分开，球不能和手心接触，使得球和手心之间存在一定的缝隙；第二，注意肩部的动作要和手部的动作协调一致，将篮球抓起之后，手腕要向后自然地弯曲，同时还要注意肩膀的动作，让肘部能够保持一种蓄力的状态，此外还要注意大臂和小臂之间的角度。在手部的姿势都确定以后，再将身体向前倾斜，同时注意小臂和手之间的角度，在将姿势全部确定之后进行投篮。

### （五）急停跳投技术的使用

急停跳投技术是进攻球员在行进间急停和快速起跳的两个快速连贯性的动作，这个项目当中可以利用时间差来快速地摆脱掉防守人，从而实现上篮得分。急停跳投的基础是跳起投篮，他们的区别是在急停跳投时多了急停和起跳两个动作。通常在运球和接球的过程当中会运用急停跳投，当前这项技术已经成为运动员必备的投篮技术，但这项技术对运动员的运球能力和身体素质都有很高的要求，所以需要进行不断的强化训练。

总而言之，投篮水平的高低和篮球比赛的输赢有着直接的关联，所以在平时的训练当中，需要经常进行投篮练习。本节从多个角度对主题展开了分析，分析了不同类型的投篮技巧，对投篮技术的基本含义和特点也进行了分析，最后提出了运动员提升篮球投篮技术的有效措施。随着我国对篮球重视程度的不断提升，篮球运动在未来的发展将会朝着更好的方向迈进。

# 第四节　运球技术

篮球运动具有较强的群众基础，受到了人们的喜爱。运球贯穿于篮球运动的整个环节，可以说，运球技术水平的高低体现了运动员的篮球技术水平。因此要着力提升篮球运动员的运球技术水平。然而，我国高校当前篮球运球技术的教学过程中仍旧存在许多问题，因此制约着学生篮球技术水平的提升。本节对高校篮球运球技术的教学现状进行了分析，并在此基础上对高校篮球运球技术的教学策略进行了探究。

篮球作为大众喜爱的一项运动，成为人们日常休闲娱乐的一种方式。在高校，篮球作为体育课程的一项基本内容，受到了大学生的欢迎。在篮球技术的教学过程中，运球技术的教学是课程教学的一部分，因为运球贯穿于整个篮球运动的过程，学生的运球技术水平直接关系着自身的篮球技术水平。因此，在高校的篮球教学中，要注重学生的运球技术教学，并努力探究运球技术的教学策略，改变传统的教学方式、教学理念，创新运球技术教学的方式、内容，从而更好地提升学生的运球技术水平，增强学生的篮球技术水平，促进高校篮球教学的不断创新和进步。

## 一、当前高校篮球运球技术的教学现状

### （一）课程时间短，教师重视程度低

当前，我国高校篮球运球技术教学存在课程时间短，教师重视程度低的现状。高校篮球教学主要是在体育课上进行，高校体育课程时间短，分配给篮球运球教学的时间也会相应缩短，而且教师注重投篮、传球的技术教学，而忽视了运球技术的教学，也在很大程度上制约了学生运球技术水平的提升。因此，教师要转变传统的教学观念，注重篮球运球技术的教学，并适当增加篮球运球技术教学，从而提升学生的篮球运球技术水平，促进学生篮球整体水平的提高。

### （二）教学方式单一、落后

篮球训练尤其是运球技术的训练是枯燥、乏味的，这就需要教师创新教学方式，增加课堂教学的趣味性。然而当前，我国高校的篮球运球技术教学方式单一、落后，学生的积极性也不高。在篮球运球技术的教学过程中，学生只是进行个人或分组进行练习，枯燥的训练使学生逐渐失去对篮球的兴趣，课堂实效性也不高，学生的运球技术水平也得不到相应地提升，这也阻碍了学生篮球技术水平的提高。因此，如何改变传统运球技术的教学方式，增强课堂的趣味性，激发学生学习篮球的积极性，从而更好地提升学生的篮球运球技术水平是当前高校亟须解决的问题。

### （三）篮球运球技术教学未注重学生的差异化水平

当前我国高校篮球运球技术的教学未注重学生的差异化水平。学生的身体素质水平不同，接受程度也不同，采用统一的教学目标及要求难以提升学生的整体运球技术水平。接受程度较好的学生难以得到更好地提升，而接受程度较差的学生对课堂内容又难以掌握。这样，学生的自信心逐渐下降，进行运球技术训练的积极性也逐渐降低，学生的运球技术水平难以得到提升，课堂质量水平也不高。因此，高校篮球运球技术教学过程中要注重学生的差异化水平，进行因材施教，从而保证每位学生都得到提升，促进我国高校篮球运球技术教学的不断进步与创新。

随着篮球运动在全球的发展，运球技术作为篮球技术的重要组成部分也备受关注，然而在更多时候人们是在关注得分，却忽视了运球技术在其中的重要作用。在学生中也有很多篮球爱好者，他们各有各的特点，有的喜欢炫丽的运球技术，有的喜欢接球突破的瞬间，有的喜欢出手投篮后篮球进筐的时刻，更有的人喜欢在对手头上抓下篮板的霸气，但在他们中间也有很多不足之处，就拿运球技术来说吧。有很多人在运球时往往会出现很多失误，例如走步、变向时太慢被抢断、转身运球时重心不稳等，这些原因都是因为他们自己平时基本功练习不扎实，没有结合正确的训练方法等，因此我们要想在真正意义上提高自己的

运球技术，必须找到影响我们运球技术提高的因素，进而结合自己的实际情况制定针对性对策，从而提高自己的整体水平。在此希望通过自己的研究可以找到影响运球技术提高的因素，进而制定出针对性对策，对以后运球技术的提高能够有所帮助。

## 二、影响学生运球技术提高的因素

影响运球技术提高的因素主要包括个人机能因素、专业技术因素、心理因素三方面。

### （一）影响运球技术提高的个人机能因素

#### 1. 协调性

协调性是指人体在运动过程中身体各器官、系统在时间和空间上相互配合完成动作的能力。运球动作的观赏程度很大一部分取决于协调性的好坏，但运球技术的好坏也和协调性有很大关系，有的人在练习转身动作时腰、肩和手部动作就是结合不到一起，做不出这个动作，还经常出现失误，因此，加强协调性的训练有助于运球技术的提高。

#### 2. 自身力量

自身力量的大小在一定程度上会对运球技术产生很大的影响，例如在比赛中，对手不可能给你轻松突破的机会，很多都会加身体对抗，自身力量强的可以在身体对抗的同时轻松完成自己想要完成的动作，自身力量弱的很可能在完成突破时投篮动作发生改变或直接出现失误给对手更多的机会，因此，加强自身力量可以提高自己的运球技术，能够让你在比赛艰难的对抗下更好地掌控球的位置。

### （二）影响运球技术提高的专业技术因素

#### 1. 球感

球感的好坏对运球技术的提高有着至关重要的作用，我们可以采用一些简单有效的方法来熟悉球性，增强自己的本体感觉，例如原地站立两手指尖拨球，双手拿球绕身体转，原地快速运球等，同时我们必须建立正确的运球姿势，眼睛要从篮球上离开去关注周围的情况，以此来提高我们手指黏球的能力。球感好的显著特点是能对球的形状、轻重、弹性、空间运动的速度和方向的变化达到非常精细判断的程度，这种知觉能使学生在比赛中快速、准确、稳定、巧妙地进行传、接、运球并且很少出现失误。

#### 2. 运球技术基本功

无论什么运动，想在比赛中发挥更好状态，就必须有扎实的基本功，例如可以通过行进间的绕障碍物运球，在运球行进时急起急停变速运球，还可以有同伴做阻力进行运球等方法来练习自己的基本功，这些各种不同的运球组合练习方式不仅有利于我们在练习运球时抓住主要环节来解决自己在练习时存在的问题，同时也体现了运球技术练习的针对性、科学性和实效性，为提高我们的运球技术提供更多的帮助。因此，我们平常就要抓好运球技术基本功的练习，只有把基本功练好，以后在学习其他技术时才会取得事半功倍的效果。

### 3. 动作速度

在比赛的过程中，假如你想突破防守人，那么你必须拥有良好的运球技术，包括假动作晃动后突破，交叉步突破，转身过人，胯下运球变向过人等方法，因此要想快速突破防守人，为自己获得攻击篮筐的机会或为队友创造更好的机会，除了拥有扎实的基本功外，还必须拥有灵活的脚步动作加上比对手更快的速度，所以必须加强动作速度、快速力量的练习，以此让自己的运球技术更加熟练，在比赛中应用更加灵活。

## （三）影响运球技术提高的心理因素

### 1. 动机

在学习时，自己主动学习和被别人约束着去学习的效果完全不同。同样，在运球技术的练习过程中，如果没有积极性，再多的努力也不会取得很好的效果。所以在练习运球技术时，首先要调动自己的积极性去学习，并且要主动去激发学习运球技术的动机，而不是老师要求或是同伴督促，例如你喜欢投篮。对运球一点儿也不感兴趣的话，那么无论别人如何叫你学习运球技术，你都会置之不理，当然你的运球技术也就不会进步。由此可见，要提高自己的运球技术，必须从自己的内心出发，努力提高自己学习运球技术的积极性，主动地去学习，那样运球技术便会很快上一个台阶。

### 2. 运动技能迁移

运动技能学习的迁移是指已获得的经验对于后来学习效果的影响，已获得的经验对以后的学习起促进作用的称为正迁移，对以后的学习起妨碍作用的称为负迁移。在学习运球技术时，要努力使运动技能的迁移能够提高运球技术，而不是让技术动作发生改变以致阻碍运球技术的提高。在平常的练习过程中，要好好把握运动技能迁移的规律，不仅有助于我们合理安排各种技能的学习顺序，而且能强化对运球技术特征的掌握。

### 3. 运动兴趣

兴趣对一个人能不能做好一件事有很大的影响，同样，运动兴趣对你是否愿意参与某项运动也起到至关重要的作用。要提高自己的运球技术，那么你首先必须得对运球技术感兴趣，愿意去运球，如果你只想投篮不想运球的话，那么你的运球技术永远也不会取得实质性的提高。因此，要从自己的内心出发，怀着真实的想法去练习，从而使自己的运球技术得到提高。

篮球运动经过一百多年的发展已成为奥运会的核心项目之一，美国篮球职业联赛也是世界上最受关注的体育赛事之一。篮球运动的场地要求较低、新建方便，使得篮球运动成为深受大众喜爱的一种休闲娱乐活动。在我国，篮球已成为各级学校体育教学的必备课程之一。在整个篮球技术的教学过程中，运球技术直接决定了学生的篮球学习水平，所以其贯穿了整个篮球教学的始终。运球技术的提升不能仅限于传统的"教师教、学生模仿、抠动作、多练习"的模式，这样的方法只能让学生学会运球而不会有较大的技术提升。体育教师必须根据科学训练法，结合学生运动的大数据，对所教班级篮球水平进行整体评估，针对性地制订出合理的运球技术提升计划，并进行教学理论和实践的创新。

## 三、篮球运球技术提升对于篮球运动教学的意义

运球技术对于学生篮球技术整体提升的作用不言而喻。运球技术不仅包括运动人员原地和移动行进过程中单手拍篮球的动作，也包括进攻中的突破和摆脱防守的节奏和掌控能力。运球技术的熟练应用，不仅能促进学生个人篮球水平的提升，还能让篮球这项集体运动的内部配合和战术水平层次得到大幅度的提高。篮球运球技术的掌握程度直接决定了学生对于篮球的掌控和支配能力，运球技术的最高境界就是实现人球合一，这能够使篮球比赛的节奏掌握在自己手中。在我国的大中小学中，篮球运动的普及程度已经很高，篮球运动已成为许多男生放松心情、舒缓压力的项目之一，对于学生运动协调能力、身体机能的提升有着显著的效果。篮球基本运球动作的教授已不能满足大部分学生的需求，需要传授一些难度较高的技巧性动作，让学生的整体篮球水平得到提升，也让篮球运动的教学不再拘泥于基本动作，而是向着运动对抗中的实战阶段迈进，让篮球运动教学的整体深度跨向更高的层次。

## 四、篮球运球技术的基本动作和训练方法概述

### （一）篮球运球技术的基本动作

篮球运球的基本技术包括低位运球、高位运球和运球急起急停三种。低位运球时，需要在短时间内加大双腿的弯曲度，使重心降低。高位运球则要求运球者目视前方，上身略微前倾，腿部略微弯曲，通过手指和腕部的力量掌控篮球的运球方向。运球急起急停的难度高于高、低位运球，对篮球的控制力度更加讲究，对运球者的身体控制和协调能力要求更强。急起主要是拍球的后上方，而急停则是拍球的前上方，具体需要学生多次训练和感悟才能掌握。

### （二）篮球运球技术的基本训练方法

篮球运球技术的训练一般从熟悉球性开始，最简单的熟悉球性就是拍球，高一层级熟悉球性的训练方法是通过指、腕和臂的力量进行运球练习。通过双手交替的运球练习和对墙进行双手运球练习达到熟悉球性的目的。另外，按照体位进行划分，可以将运球训练分为高位运球训练和低位运球训练，还能在体侧进行前后的推球训练。部分水平较高的学生

可以进行胯下的"8字"和"左右"的运球练习。行进间的运球训练则更加复杂，除在行进中进行直、曲、弧线的运球练习外，还应加强领跑运球的练习，这是篮球比赛中行进突破的关键。除此之外，需要对运球训练中的错误动作进行纠正，以便帮助学生在篮球教学过程中提高运球技术。在运球过程中，不少学生喜欢使用手掌进行拍球，而非运用腕和指的力量，教师应该利用触球和控球，训练学生指、腕的灵活度。运球的手型和运球过程中的变速和变向都是易犯错误的地方，教师必须及时加以引导和纠正。

## 五、篮球教学中运球技术提高的方法策略

### （一）以趣味游戏为训练的内容，让篮球运球训练不再枯燥

传统的篮球教学只注重动作的讲解和练习，通常是教师将动作分解，学生按照分解的动作进行练习，运球训练的运动量大，而且几乎是持续地练习同一个动作，导致部分学生练习多次后对运球训练失去了兴趣。由于每个学生的协调性和学习能力不同，这种枯燥、单一的训练模式使部分能力略低的学生渐渐跟不上上课的节奏，课堂活跃度降低，教学效果大打折扣。教师应从趣味游戏入手，让训练变成一种游戏，在学生"玩乐"的同时，提升学生的运球能力。结合篮球运球技术的要点，将篮球的运球与跑步接力结合起来，通过绕圈运球接力、直线运球接力等体育趣味游戏，让学生感受不同运动轨迹运球的力量和平衡性掌控，最终达到人球合二为一的境界。通过游戏，规定不同信号发出后进行不同的运球方式，考验学生的应变和突破能力。另外，花式运球、双手同时运球、运球比赛等，使得篮球运球训练不再枯燥。趣味游戏是训练的一种手段，教师在设计游戏时，要理解它的初衷，尤其在游戏的过程中应注意观察学生的动作情况，必要时进行纠正，牢记趣味游戏的本质。

### （二）进行分层式的差异化教学，真正做到因材施教

普及性的篮球教学中，学生的水平参差不齐，个体差异较大。在篮球运球技术的教学中，教师需要对学生进行层次的区分，做到提优补差，因材施教。教师在教案的制作上，应充分考虑各层次学生的实际水平，对于身体力量和协调性较差的学生，多进行基础力量、协调性和基础动作的练习；对于普通学生，可根据教学大纲的内容按部就班地进行教学；对于少部分喜爱篮球运动且基础运球动作娴熟的学生，可安排进一步的障碍运球、定点运球、快速运球等动作难度较高的训练。提高高水平学生的肌肉、关节掌控能力，注重身体对抗过程中的运球技术提升，使高水平学生运球时的身体姿态、手臂动作、球的落点和手脚协调配合达到更高的层次。差异化教学能让学生根据自身的水平和身体状况选择合适的练习方式，避免所有的篮球运球教学千篇一律。在教学过程中，教师除了要教授学生篮球运球的动作要领外，还需要观察学生的心理状态，当学生在学习过程中出现困惑或畏难情绪时，教师需第一时间帮助解决，提升学生的自信心。

### （三）运用组合运球训练的方法，让学生的运球技术更贴近比赛实际

篮球运球技术多种多样，既包括高、低位的基本运球，又包括背后、体侧和胯下等具有一定难度的运球方式。在篮球运球技巧的训练和教学中，除了训练单一种类的运球方式外，还应根据场地、学生的身体状况、学生的运动灵活程度等因素，组织学生进行多种运球方式的组合训练。在场地条件允许的情况下，将定点运球、快速运球、突破障碍运球和运球上篮等运球实战性训练结合起来，让运球教学更接近于实战水平，从而更加快速地提升学生的运球技术。在组合运球的训练中，可以通过在有限的时间内进行运球比赛的方式来检验学生运球技术的掌握程度。比较常用的训练方式是五步式变速运球，以五步作为一个划分，从匀速到加速再到减速的过程。在匀速的过程中，将球控制在脚侧的范围内；在加速的过程中，将球向前推，注意控制步幅和推球的力度。在激烈的篮球比赛中，身体变向突破换手运球的运用也较为广泛，在训练时要注意教授学生对于身体的控制。组合运球的训练模式，更有利于提高学生在篮球比赛中的实战运球水平，让运球技术教学不再是纸上谈兵。

### （四）通过 AR 技术和以赛代练提高学生的学习热情，让篮球教学生动活泼

随着 AR 技术的飞速发展，很多运动项目的训练已经引入了 AR 技术。2018 年，美国苹果公司在其发布会上，用 iPhone XS 演示了一款名为 HomeCourt 的 AR 篮球训练应用。该应用只需要一部智能手机和一个三脚架固定，就能够对训练人员的姿势、角度、奔跑速率及球的弧度等参数进行精确的计算，在 APP 中也有各类小游戏，在训练人员感觉枯燥无味时进行小游戏的挑战，同样能达到运球训练的目的。这款 APP 为篮球教师的教学收集了数据，教师能够在大数据中找出学生训练的长处和不足，有利于教师制订有针对性的教学计划。学校可以根据教学数据的变化，随时掌握篮球运球教学的成果和不足，为学校的教学评价提供基础。篮球运球技术的提高不能仅局限于课堂的教学，学校和教师应开拓途径，多组织篮球比赛，以赛代练，提高学生篮球运球的技术和实战水平。篮球教师在比赛中应充当好教练的角色，帮助学生找出不足，便于日后运球技术的改进和提高。多维度的教学模式使篮球运球训练不再平淡无奇，而是变得生动活泼。

综上所述，虽然我国篮球教学存在教学手段单一、时间短、信息化技术运用程度不高等多重问题，但作为篮球教学的基础训练，运球技术的提高越来越受到学校和篮球教师的重视。相信通过新方法、新技术的不断应用和实践，篮球教学中运球训练的效果会稳步提升，也会让更多的学生爱上篮球运动。

# 第五节　持球突破技术

篮球是世界上推广得最好的运动之一，我国也是篮球大国，人民群众广泛参与，每年组织的比赛也多种多样。但在国际赛事上我国篮球成绩已经有了瓶颈，很多年轻队员基本功有待加强，基本技术有待提高，本研究着重对篮球运动中的个人突破技术进行探讨，以期为篮球基础性训练提供一定的参考。

## 一、突破技术的定义

目前国内对突破技术尚无权威且统一的定义，笔者查阅了李文学、王冬、姚巧泉、唐鹏等学者的相关研究，结合自身对篮球运动的学习和实践，认为突破技术指运动员根据场上的进攻需求，在球场上利用运球技术和脚步动作，超越防守球员的一种进攻手段。突破技术的关键在于在进攻方在球到手之前，积极无球跑动，利用身体重心、速度、方向的变化摆脱防守方，以求球到手后，第一时间获得空位机会，便于得分。

## 二、突破技术的原则

篮球运动节奏日益加快，攻防快速转换，抢到防守篮板后，后卫快速推进，前锋推进，大量的三分出手等现代篮球打法成为主流。突破队员必须根据场上形势、防守球员的站位、自身优势选择突破方案。

### （一）敌我实力悬殊

突破技术的实现主要根据防守球员的速度、力量、身高、臂长等方面和自身的身体条件相对比来判断。如果自身对防守球员有绝对优势，比如大打小局面，身高、力量都占有绝对优势，就应该果断突破，赢得机会。如果是小打大局面，就应该慎重考虑，是否采取假突真传，吸引防守方的注意，为队友创造机会。

### （二）对方站位失误

进攻方队员应该利用防守方站位的失误来进行突破。在比赛中，由于各种战术的运动，在进攻时会有挡拆、无球跑动、高位掩护等方法来带乱防守方节奏和阵型，很有可能出现大打小局面，或者是防守方被己方挡住，获得突破机会。进攻方应该时刻保持对场上局势有一个准确的判断，迅速观察，只要有突破空间，应当机立断，果断突破。

### （三）利用时间差

进攻方由于有球权，处于主动位置，有多种进攻选择。当进攻方选择传球或投篮时，都可以适当采取假动作，或利用眼神欺骗防守方，使其做出错误的防守判断，从而突破对方。比如在外线选择投篮时，防守方很容易跳起盖帽，这时进攻方球并没有出手，可以利用此时间差快速突破，获得空位进攻机会。

## 三、突破技术的选择时机

篮球运动考验的是运动员的综合素质，篮球技术、体能素质、心理素质均在其中。需要时刻观察己方和对方的球员配置，对方球员的身体素质、防守站位、防守强度以及对方教练的战术安排等都是在准备运球突破的时候需要考虑在内的。如果只是一味蛮干，不考虑上述因素而进行突破，往往会浪费进攻机会，浪费己方队员体力，甚至被对方有目的地针对，打出反击等。因此，合理选择突破时机至关重要。

当防守方队员失去平衡或者判断失误，被晃开或者点飞时，可果断突破。当防守球员脚步慢、运动能力差，而己方有明显的速度优势时，可以选择突破。当防守球员犯规较多，己方可以勇敢突破，或者罚球机会并造成杀伤目的。己方外线投篮较准，迫使防守方扩大防守区域时，可以果断选择突破，内外结合。防守方有球员过来协防时，应利用突破吸引对方注意，为队友获得空位投篮机会。比赛进入僵持阶段，应针对性多做突破，造成对方杀伤，获得罚球机会，打开局面。

以上是一些时机的把握，但在真正比赛时，局势瞬息万变，不应墨守成规。应该在遵循篮球运动的本质和原则下，根据实际情况，灵活采用战术，合理突破，获得得分机会。

## 四、突破技术的基本要素

### （一）速度较快

速度在突破过程中起决定性作用，突破这项技术的本身就是利用身体位移速度和运动速度快速超越对手，达到得分目的。进攻方在进行突破时，身体成半蹲姿势，后腿微曲，便于发力。大部分突破步法都是成弓箭步姿势，保证身体可以及时蹬地加速，快速超越对手。运球速度的快慢主要取决于手臂力量和协调性，连续有力地快速进球可以保证球不被切断，达到护球目的。美国男子职业篮球球星克里斯保罗在教学中演示，运球训练需要用最大力量运球，球如果没有接住，应该弹到天上才算合格。这样可以保证球高速运转，获得更好的突破机会，由此可见运球速率的重要性。

## （二）脚步灵活

在突破过程中应该注意脚步移动和运球方式的结合，应强调运球者需具备的高超的运球发力技术和良好的缓冲球冲力的技术。例如美国男子职业篮球球星奥拉朱旺，以左脚为中枢脚，右手持球，向右转身为前转身，向左转身为后转身，利用探步晃开防守人，获得投篮空间，如果对方前扑防守，及时变换方向，如果不前扑，跳投即可。

## （三）节奏变化

高效率的运球离不开对节奏的掌控，相同时间内，对球的拍击次数如果相同，称为节奏没有变化。同样的时间，对球的拍击加速或者减速，都说明运球有了变化。有针对性的变化节奏能带乱防守者的节奏，从而达到突破对方的目的。你慢我快，你快我停，你停我突，达到消耗对手的目的。如果节奏没有任何变化，防守方很容易判断出你的进攻目的，从而做出调整，甚至是断球获得球权。

## （四）假动作运用

"真假"结合，灵活多变。逼真的假动作可以欺骗防守方的注意，摆脱防守人或者是误导防守人获得进攻机会，使突破技术更具攻击性。观察高水平运动员比赛不难发现运球队员运用后转身假动作使防守队员错位防守，然后突然前转身突破，再如急停急起，加之"拜佛"等诱惑防守队员。再如，假向一侧突的推按球、假收球投篮、假拨推传球、假单手上篮等等，或者利用眼神欺骗防守者，看东传西，假突真传等使防守者在防守的过程中更加被动，有利于进攻者轻松运球突破对手。

持球突破是篮球技术中最基本的突破技术之一。队员运用这项技术的成功与否直接决定着进攻的效率。在篮球运动水平日益提高的今天，各项技术水平都在逐渐改善和提高。这项技术的实战价值已经被提高到很高的认知档次。国内外很多运动员在训练时，这项技术的训练都是必不可少的，无论是后卫、前锋还是中锋。有很多人把运球突破也称为持球突破，其实，持球突破指的是在接到队友的传球后，运用正确的停球方式，将自己的速度由零在极短时间内加大到最大，从而达到超越防守队员目的的一种突破方法。这种突破方式急快而且凶猛，是每一个篮球运动员必须训练的内容。同时，这也是一项不太容易掌握的技术动作，需要求学者付出相当的努力，才有可能真正领悟到持球突破的真谛。本节将对持球突破这项技术进行多方位的分析，以便学生们更好地掌握这一技术。

# 五、持球突破技术的重要性分析

## （一）持球突破是非常重要的篮球基本技术之一

在篮球的各项基本技术中，持球突破是非常重要的基本功之一，它是建立在熟练地行进间运球能力和移动能力之上的一项技术。只有熟练地控球能力，才能保证在很快的速度下运球不失误；无论是跨步急停（交叉步）还是跳步急停，还是突破第一步的大跨步，这都要求队员有很扎实的移动步法，所以，队员要有很好地控制球能力和移动能力。而在现在的篮球训练当中，教练都会把这项技术作为极其重要的内容来训练，因为这是一项具有相当大杀伤力的基本技术之一。

## （二）持球突破是提高球队整体技战术水平的重要因素

在篮球比赛中，我们总是能看到球打进去再传出来，然后再打进去。种种精彩的、快速突破的画面冲击着我们的视觉。队员都是凭着自己出色的持球突破能力，来提高整个队伍的整体技战术水平。纵观很多 NBA 球队，一个球队得分最高的队员位置基本上是小前锋，比如：科比·布莱恩特、勒布朗·詹姆斯、德怀恩·韦德等，而他们这些小前锋留给我们最深刻的技术就是持球突破，非常地犀利、漂亮。正是因为他们有很强的持球突破能力，使得整个球队的进攻很流畅，具有很强的观赏性，也使得球队的整体技战术水平很高。所以，队员有好的持球突破的能力，是提高球队整体技战术水平的重要因素。

## （三）持球突破技术是篮球运动员个人能力的关键标志之一

当我们在场下观看比赛（不管是职业比赛还是民间比赛），如果看到场上一个队员不会持球突破或者持球突破的能力很差，就会感觉到这个队员的个人能力不是很好。相反，如果这项技术在某一个队员身上被运用地游刃有余，无论是突破时机的选择，还是突破后的分球或者突破后的急停跳投，使整个球队的进攻有条不紊，大家肯定一致认为这名队员个人能力很强。所以，篮球队员不仅要掌握住运球、传球、投篮等最基本的技术，还要出色地掌握持球突破这项技术，以全面提高个人的能力。

# 六、持球突破惯用技法

突破是一种技巧性很强的进攻技术，篮球运动员灵活运用步法和运球技巧来超越对手。在比赛中，突破时间和合理运用突破技术，不仅可以直接切入篮筐，甚至可以打扰乱防守队员的防守策略，从而创造出更好的得分机会，迫使防守队员出现没必要的犯规。如果运用突破和中距离投篮结合起来，这会使进攻手段更多元、更有效。

## （一）交叉步突破

动作方法：以右脚为中心脚的例子。双脚绕开，两腿轻微弯曲，重心下降，持球并在胸腹部之间。在突破过程中，左脚很快蹬在前脚内侧。身体稍微右倾，左肩向前、向下按压，重心迅速向右移同时进攻队员迅速运球同时左脚向右移动，运球，中央踏板快速前进，超越防守。动作要点：蹬跨有力迅速、转探肩保护球。

## （二）顺步突破

动作方法：在突破时先迈靠前的脚（以突破方向为准），它的优势在于启动快，而劣势在于对球保护不够，倘若对手恢复防守姿势并提前卡死行进方向则突破受阻。动作要点：后脚蹬地发力迅速，球和脚同时着地或先放球，以避免走步，沉肩抬臂保护球。

## （三）后转身突破

动作方法：以左脚为中心脚的例子。站在篮筐的后面，双腿平行张开，双腿弯曲，重心降低，双手握住腹部前的球。以左脚为轴心折断，右脚迈步向右方，上身右转，脚尖指向后侧，右手向右走在球前，左脚前脚在前足踏板上，划出球的方向，盘球突破防守。动作要点：控制重心平稳。右脚应该是正确的，当走出右边，左脚内侧将活跃和强大。

## （四）前转身突破

动作方法：运球突破时，运球手的异侧脚（左手运球，即右脚）向防守人侧前方蹬地急停，同时借助蹬地的力量，以另一只脚（左脚）为轴直接换手持球，做前转身变向突破动作。要点：假动作，移重心，蹬地突破。

# 七、持球突破技术在篮球运动中的运用探究

## （一）充分运用突分球

### 1. 突破防守时，创造队友投篮机会

在比赛中，面对区域防守时，若对方有高度的优势、且队友篮下得分受困、中远距离投篮困难的情况下，进攻队员应自觉打破摇篮或击球。将对手压向篮筐，迫使对手缩小防守区域并传球跟踪或追随目标。未防守的球员。打破球的策略不是得分，而是为中距离和远距离投篮创造机会。

### 2. 高效的突破，迫使防守方犯规概率增大

犯规是根据球场多方面因素具体判断的，最有可能造成犯规的办法就是以扎实的基本功和稳定的技术动作完成进攻并且要准确判断防守人。突破一般采用急停跳投或者突破上篮，在这种状态下对手可能犯的规则有 2 种：阻挡进攻和打手犯规。

阻挡进攻的判断一般依据当时进攻队员和防守队员的脚下位置来判断，若要造成阻挡进攻犯规，那就必须紧贴防守方侧面并且保证不造成顶撞现象，在这种情形下只要防守方破坏突破动作，那阻挡进攻犯规即可达成，且在这种情况下是判发边界球，若产生投篮动作（当对方全队犯规累计第 5 次以上时）将判于两次罚球机会。

打手犯规的判断通常依据出现投篮或者投篮预备动作时防守方对身体特别是手进行攻

击，比如拉、打、推等一般有强烈的身体接触的行为。所以要让防守方打手犯规也要拥有好的基本功和投篮技术动作，进攻的时候要果断和勇敢地以最快最稳定的动作形成自己的有效进攻，也可以附带上"假动作"吸引对方做出错误的防守，如用假动作骗防守跳起后你再向上跳、用自己的身体去顶对方并做出投篮。

在了解规则以后保证自身动作的标准性，再结合假动作诱导防守方做出不标准或者错误的防守动作，同时存在身体接触，即可造成防守方犯规。通过突破造成防守方犯规并且获得罚球是篮球场上常见的有效的得分机会。

**3.采用突破战术迫使对手改变防守策略**

在比赛中，当对手采用半场人盯人或紧逼防守战术时，当贴近防守者时，进攻队员应尽可能利用突破技术来摆脱防守者或者吸引协防队员，通过突分球技术来制造队员篮下直接得分或投篮的机会等一些高效的得分手段，来迫使防守方改变防守策略。

## （二）准确把握运球突破的时机

持球是一种技术，一个球员使用一个灵活合理的脚步和一个现实的假动作，结合运球超过对手。在比赛中，必须根据防守者的位置果断选择突破的时机，充分利用变化创造和抓住机会。

在无球状态下努力造成对手犯规创造机会。作为一个想要握住球的球员，试着让防守队员尽可能地移动，并使防守队员通过快速而缓慢地跑动和转身变向的动作被动地移动。

接传球后的第一时间为最佳突破时机。进攻队员在未接球之前先对场上情况做一番观察，判断出进攻方法和路线，接到球后不要急于运球，因为这一时间是突破的最佳时机。即当进攻队员接到球后的一瞬间，可任意选择运球、传球或投篮，处于主动优势，而跟防队员对持球队员的下一动作难以做出判断，完全处于被动状态。此时持球队员应该立刻根据来防对手的跑位或站位，迅速利用原地各种假动作迷惑对方，迫使对手在移动中被动地随自己的动作做出相应反应，造成对手出现防守漏洞，持球队员可及时运球突破对手。

利用步伐超越防守队员。超越防守队员，是指持球队员在运球过程中，当防守队员对位出现失误时，应迅速反应用力跨蹬放球，从而突破对手。当第一时机没有把握或被对手及时防守后，此时则要求持球队员在运球中，利用熟练的运球技术做各种假动作，如运球急停急起、胯下变向、转身运球、背后运球等动作带动防守队员随之移动，迫使防守队员在被动的状态下移动自己的身体从而迫使对方防守队员防守出现失误，此时利用合理的步法及时去超越对手，或者利用队友无球掩护来突破对手。总而言之在运用假动作时要有战机意识，随时注意观察判断防守队员的眼前反应和可能反应，及时地进行突破。

在现代篮球比赛中，持球突破能力是衡量个人篮球运动综合实力和水平的重要标志。不管是篮球教练、爱好者和初学者，都应该重视篮球技术基本功的发展，掌握并合理运用篮球持球突破技术，才能发挥篮球技术的最大潜能。

# 第六节　防守技术

## 一、防守技术及目的

防守技术是指运动员为了夺回控制球权或阻止对手进攻行动而采用的策略技巧与行动方法，它包括防守移动、防守有球队员、防守无球队员等。防守技术运用的目的十分明确，即破坏持球队员进攻的效果，堵截无球队员的进攻路线，干扰对方进攻机会与战机，获得控制球权的主动。

防守技术是组成全队防守战术的基础，直接反映出运动员的防守能力和全队的战术风格。随着篮球运动的攻守演变，篮球防守技术得以发展，并随着进攻技术的提高而改进，随着防守战术的变化而丰富，同时还受到篮球竞赛规则修改完善的制约和促进。现代篮球运动的发展，防守技术有了很大的变化，体现为防守的目的性明确，防守的对抗性激烈。防守的攻击性加强，防守急于进攻队员的威胁和压力加大，逼使对手违例和失误的次数增多，因而对防守运动员的防守意识、防守能力和防守技战术素养等提出了更新更高的要求。

俗话说，"以退为进，以防为攻"。进攻与防守是赢得比赛的两个核心要素，其中防守作为篮球技战术运用的一种策略，是取得比赛胜利的基石。然而当前我国高校女篮在防守技术方面还存在选位站位不准、步伐移动迟缓、协防联防整体配合亟待提升等诸多问题和挑战，面对这种新形势，需要在日常训练中树立起"大防守"的理念，走出一条个体防守与集体防守协调并进、防守技战术综合运用与攻防灵活转换的和谐发展的路子，提升高校女篮运动员的比赛水平。

## 二、防守技术的特点

### （一）预见性

预见性是战术意识的重要组成部分，是对进攻方进攻时球的运动方向的判断和把握。一般来说，进攻方为避开防守，会通过各种假动作来迷惑对方。作为防守方，要快速对进攻方的动作做出评估和判断，以有效洞察进攻方的球路轨迹，进而实现成功防守。一是保持防守意识，实施拦截和抢球。判断依据是球的速度、落点位置等。二是保持防守的动作。比如在对方进攻前，事先做好屈膝、滑步的准备动作，时刻保持动作上的防守先机，重点是把握好身体重心部位，保持身体平衡。如果自身所处位置不利于防守，或者角度上、距离上存在偏差，可通过滑步进行调整抢的防守先机。

## （二）抗干扰性

抗干扰性主要是针对女性队员的心理活动所说。作为进攻方，在带球进攻的过程中，会通过各种假动作、迅速传球等方式对对方造成一定防守技术的干扰，以掌握更多控球权。作为防守方，一方面要清醒地认识到进攻方的干扰目的，摒弃各种干扰，提高心理的抗干扰性，一方面要正确认识防守本身也是一种对对方的干扰，正是这种"干扰"对"干扰"的对抗过程，才形成篮球运动的看点。所以防守有利，说明防守方的自我干扰性强，抗干扰性也强；相反，防守不力，说明自我干扰和抗干扰性较弱，防守策略没有达成。队员之间、队员与教练之间要加强沟通，从心理、精神状态、战术策略等方面做出相应调整和变化，以变被动为主动，实现成功防守。

## （三）协作性

协作性主要是凸显团队合作的重要性。高校女篮比赛中，受传统思维、女性心理及价值观念等方面的制约，往往存在一个误区：一对一盯人防守效率高，团队防守效率低。事实上，一对一防守策略是一把双刃剑，要么成功把握控球权，要么防守失利给对手机会。所以要在一对一防守的同时，实施团队防守。这样一对一防守一旦失利，可以进行二次防守，即团队防守。

# 二、高校女篮运动员防守存在的问题

## （一）防守意识和预见性亟待提高

受日常训练理念、赛事心理等因素的影响，比赛过程中，高校女篮运动员的防守意识和预见性较为薄弱，主要体现在三个方面：

一是选位力不从心。比赛中攻防瞬息万变，对运动员的防守选位要求较高。有的运动员对进攻方选位距离过近，易造成频频犯规；有的运动员距离过远，不能贴近对方形成有效防守。所以运动员对选位要有较好的灵活的把握，通过滑步掌控与对方的距离，在确保不犯规的同时让对方感觉到防守的攻击性，对其进攻造成压力。

二是补防意识不到位。当前一个运动员单防失利时，紧挨着的旁边的队友还仅仅满足于一对一的防守训练规则，缺乏补防意识，使进攻方找到进攻突破口，从而投篮得分。

三是协同意识、封盖意识不足。当对手突破一对一单防或者暂时并未突破，但控球技术较强，需要队友进行协同防守，但一般队员缺乏协同意识，联合协防建立不起来。同时，拼抢意识不到位，认为只要对手投篮脱手，便陷入防守被动，即使再争取，也无回天之力，然而事实并非如此，如果善于发挥身高优势，且有盖帽意识，即使对手已投篮，也可能结果并不成功，相反，给对手造成防守压力。

## （二）防守方法急需完善

受身体发育阶段的影响，高校女子运动员的踝关节、腿部等身体部位处于发育期，普遍存在力量不足、耐力不够的现象。主要表现在三个方面：一是防守时的身体重心偏高，日常屈膝训练执行不到位；二是手脚协调性不强。相对来讲"手上"功夫好于"脚下"功夫，这既是身体的本能反应，也是日常训练方法的呈现。这样直接导致两种后果：一方面容易造成犯规，给对手机会；另一方面，防守步幅较小，无法获得有利位置，也不能及时紧跟对手；三是身体移动较慢，以滑步堵位不积极，往往错失先机，使防守处于被动。

## （三）防守的固有攻击性尚待激发

防守的一大目的就是采取各种有利方式最大限度地给对手制造控球压力，使其无法成功投篮或投篮水平不高。但在比赛中，高校女子运动员防守的精气神往往不够，主动性不强，缺乏拼杀的攻击性。主要表现在三个方面。一是堵位意识不够。有时"一防"严密，直逼对手仓促传球，这时运动员顿觉完成了防守使命，在防守紧迫感稍有松懈之时，岂不知对手又把球传到先前已成功防下的进攻方运动员手中，对手趁机取得投篮机会。由此，一防成功，二防失利，导致防守前功尽弃。二是贴身防守意识薄弱，封盖、挡抢意识不足。有的女子运动员为避免犯规，对贴近对手防守战术深表顾虑，在落实执行方面大打折扣。三是连续防守能力不强。单防紧逼、双防夹击、多防反击、抢断球等能力欠缺，整体攻守转换不连贯，防不胜防，守不成网，防守节奏跟不上。

## （四）防守技术的综合运用能力不足

俗话说，"养兵千日，用兵一时"。比赛场是对日常训练成效的检阅。攻防之间、防守之中，变化和转换往往存乎一瞬间。所以作为防守方，无论是防人，还是防球，无论是人盯人，还是协防、局部联防，以及区域防守，高校女子运动员在比赛中的具体运用，还存在攻击性小、破坏性小的问题，特别是防守方法的综合运用意识和能力更显不足。

# 三、加强防守的对策和建议

## （一）以人为本，锤炼女篮运动员防守的良好素质

良好的素质是抢先进位、取得比赛胜利的关键。一是健壮的身体素质。日常防守训练中，在遵循身体发育与成长科学规律的基础上，加强女子运动员踝关节、腿部的力量训练，使运动员有足够的"脚下"功夫与身体耐力，支撑身体重心的下移，加快防守时身体移动的步伐，以快速抢位断球堵卡。同时，加强运动员骨骼肌的专项训练，大大提升骨骼肌的收缩力，以增强对对手的拦截能力。其中，这里的专项训练既包括爆发力，也包括耐力素质，还包括弹跳素质。另外，加强运动员的对抗性力量训练，提高贴身防守的意识和能力，

在一对一防守保证不犯规的前提下，最大限度地给对手制造压力。二是强大的心理素质。防守往往比的是信心和耐力，要求运动员有良好的心理素质。不但要有胜不骄败不馁的平和心态——防守本身就是力量与力量的对抗，一防防下来了，不等于对方不配合投篮进球，一防防不下来，也不等于协防不成功，所以运动员要正确对待变化万千的赛场，增强团队合作意识，以团队力量制衡对手进攻，达到以防促攻，还要有灵活应变的意识——防守怎么防，要防出气势和水平，既要发挥个体力量，更要发挥集体力量，既要从点、位入手，也要从面、区域布局着眼，防要成网成势，守要固若金汤。

## （二）内外兼修，打造防守合力

防守二字，防要有方法与技巧，守要有分寸与尺度。唯此，方寸之间，才能固若金汤、坚不可摧。对内，一要加强内部人员的沟通，包括防守策略、方法的运用，达成防守共识，形成防守合力。二要加强内线防守队员的防守配合训练，增大整体防守面积，重点防守内线对手的运球攻击。比如在防对手有球队员时，要实施贴身防守，有意识逼迫对手向己方有协防的区域运球。防对手无球队员时，要正确抢位站位，注重区别强弱侧：对无球强侧，以封锁对方接球为目的；对无球弱侧，以协防己方队员为目的。对外，一要学习国内外包括对手在内的先进的攻防技战术，包括个体防守的点对点压制对手、抢位堵位的脚步移动、断球封盖的技术技巧等；二要加强外围队员的防守训练，发挥区域联防功效，形成内外防守遥相呼应，共同制约对手的格局。特别是面对犯规、比分落后、配合失误，队员情绪出现低落时，要相互鼓励，提振信心，奋起直追。

## （三）不拘一格，灵活运用防守技术

赛场瞬息万变，把握住关键赛段，便把控全场比赛结果。在防守技术运用上，运动员既要谨记日常训练要领，又要秉持赛前防守策略，更要在比赛中根据对手攻防实际，灵活机动地实施防守技术。比如，人盯人战术，如果内线队员对对手的攻击性较弱，外线队员要适时给予协防、补防，或者对重点球位给予重点对位联防和夹击配合，以有效遏制和化解对手的攻防气势，利于己方创造防守反击的机会。又如，如果个体防守侵略性强，达到压制对手目的的同时，会因防守区域大、犯规次数多，出现顾此失彼的一系列问题，这就需要队员有意识地弥补和予以解决，助推集体防守与个体防守的无缝对接。

防守的目的是遏制对手的进攻，助推己方的反击。高质量的防守是比赛取胜的关键。作为高校女篮，只有秉持"大防守"的理念，树立起相互配合、相互协作，集体作战的意识，灵活运用防守技战术，才能防对手进攻于帷幄之中，守对手投篮于方寸之间，不断取得比赛新胜利。

## 四、防守技术主要内容

篮球防守技术主要包括防守移动、有球球员防守、无球球员防守等几种不同类型的防守方式。

### （一）防守移动

防守移动是指运动员在防守中变换位置、方向、速度和争取高度而采用的各种快速、突然的脚步动作，它包括起动、急停、转身、交叉步、变速、变向跑、滑步、攻击步和后撤步等。

防守队员对持球队员的防传球、防投篮、防运球、防突破；对无球队员的防纵切、防横切、防反跑、防溜底以及抢断球和抢防守篮板球等技术的运用，无一不是建立在快速多变的防守移动基础之上。防守基础配合和全队防守战术配合尤其是综合多变防守战术的运用，也是以灵活多变的防守移动为基础。运动员的防守移动能力受其身体素质、思想作风、意志品质和防守意识等因素的支配，能否观察判断准确、反应起动及时、脚步移动到位，直接反映出运动员的防守能力、对抗水平和防守风格。提高运动员防守移动技术的关键，在于提高其控制身体重心的平衡能力和提高髋、膝、踝关节转动的灵活性，以及提高运动员的防守意志品质与作风。

### （二）有球球员防守

有球球员的防守，是指运动员对持球队员的进攻行为采用干扰、破坏的策略、技巧与方法，它包括防传球、防运球、防突破和防投篮等。目的是为了封锁其助攻传球，堵截其运球或突破，干扰和破坏其投篮，并积极地抢、打、捅、封、断球，以达到控制球权或破坏对手进攻之目的。

在对有球球员防守时，主要的防守内容包括：在防守对手传球时，通过积极阻挠与封锁，不让对手轻易、随便传球，逼使对手向无攻击威胁的位置传球，创造为同伴防守抢断球的机会；在防守对手运球时，防守目的是堵截其运球路线，不让对手轻易进入"腹地"，迫使对手向边线和场角运球，诱使对手进入"陷阱"，为与同伴防守创造夹击机会；在防守对手突破时，防守的目的是堵截其突破路线，抢占合理位置，不让对手轻易超越自己，迫使对手无法完成习惯性的突破攻击动作，以削弱其攻击力；在防守对手投篮时，防守的目的是干扰和破坏对手的投篮时机与投篮节奏，迫使对手改变习惯的投篮动作，不让对手轻易地投篮出手，并强占合理位置堵截对手冲抢，为争抢防守篮板球创造位置与机会。

防守有球队员的效果取决于正确的观察与判断，及时了解和掌握对手进攻的技术特点，合理运用快速灵活的防守移动技术，随时强占有利的防守位置，积极挥动手臂干扰和封锁对手的投篮、传球和运球以及手脚配合协调等因素。

### （三）无球队员防守

无球队员防守是指运动员对无球队员的进攻行动与行动路线采用堵截、干扰和破坏的策略、技巧与方法，它包括防纵切、防横切、防背插、防溜底和防反跑等。防守无球队员的目的是要随时切断对手与持球队员的联系，控制和制约对手的行动路线，及时判断对手的位置以及与球和球篮的位置关系，观察和判断对手的行动意图、配合方法和习惯的切入路线与技术方式，合理运用防纵切、防横切、防背插、防溜底和防反跑的防守技术，采用有针对性的防守策略与防守方法。

在对无球球员防守时，主要的防守内容包括：在防守对手纵切时，防守的目的是堵截对手朝有球区域切入的路线，不让其接球进入禁区腹地，迫使其朝场角移动；在防守对手横切时，防守的目的是破坏对手在有利的攻击区或习惯的攻击位置上接球的时机，不让其轻易获得球权，迫使对手改变其进攻移动的意图；在防守对手背插时，防守的目的是隔断对手与持球队员的联系，阻止对手朝球移动，不让其在禁区周边接球，迫使对手朝外线转移；在防守对手反跑时，防守的目的是封堵对手的移动接球路线，力争抢断和破坏对手的传球；在防守对手溜底时，防守的目的是堵截对手的移动路线，延误对方进攻配合的战机，不让对手在篮下禁区接球投篮，迫使对手朝外线移动。

防守无球队员还要及时果断地进行协防配合，应具备随时补防、关门、夹击和换防的集体防守意识与能力。在篮球比赛中，防守无球队员的人数多、时间长、防守质量的好坏直接影响到全队防守战术的运用效果，对运动员的作风、意识、能力和意志品质提出了更高的要求。

## 五、防有球队员技术分析

所谓防有球，是指对进攻方持球队员的防守，其防守的主要任务是控制和制约持球队员的各种持球进攻行动，包括：防突破、防传球、防投篮三个基本防守环节，从防守技术要求上，三个防守环节的技术要素和技术结构是相统一的，防守的选位、防守移动、防守中手臂的要求等都要集中体现出一致性。

### （一）防投篮技术

防守投篮关键是与有球队员的距离与防守队员的反应能力，距离以一臂距离最佳。膝盖微曲重心落在前脚掌，随时准备起跳封盖，脚步根据不同位置采用斜步或平步。防守投篮较准的对手时，要分析其投篮的特点和习惯；根据其准备的姿势，持球的位置和视线位置，判断防守对象有没有投篮意图；当对手投篮时要上步封阻，破坏其投篮动作，干扰其出手方向；如果对手跳起投篮，要及时跳起进行封盖。

## （二）防突破技术

在训练中除各种基本滑步以外，还要特别重视后撤步、追停步、失位的抢步、防碎步后退步、侧身交叉步（追防）等。尤其注意张手扬臂的习惯和多种步法的组合运用。还要注意提高身体素质，与防守意识的培养几乎离不开，良好的身体素质和全面的技术才是提高防守意识的基础。训练时每一个动作都有其目的，根据场上的情况通过感知、模仿、操作等实践活动将各种信息经由处理和储存，以便在实际对抗中产生反射性应对。防守突破能力较强的对手时，要根据其在场上的位置、中枢脚、假动作等采取对策——如对手中枢脚在前面时，可以适当逼近，用同一侧的脚卡住他的中枢脚，使他不能使用交叉步突破，即便对方用同侧步突破也很难在对抗中接近篮筐；如果对手习惯以右手运球突破，经防守时不让对手传球是难以做到的，但重点要防其向篮下传球。

## （三）防传球技术

比赛中可以根据传球队员的视线、持球部位分析其传球方向和出球点。防守外线球员时要积极挥动手臂不停以合理的手上动作干扰，使传球队员无法及时传球甚至可造成传球失误。同时，可以用急上撤步，破坏他的传球意图，使其无法准确地做出决断。并要掌握"宁横不竖"宁愿让其横传，不让其传球到内线，"宁远不近"迫使对方长传、高吊。防守内线持球队员传球时，要做到"宁外不里"，就是对方得到球后，要迫使对方回传给外线队员，不让他有机会传给其他内线球员或给其他空切并有机会进行进攻的球员。

在一个整体的防守中，防守持球队员的只有1人，而其他四人则是处在对无球进攻队员的防守之中。因此我们可以得出结论："一场比赛中队员更多的时间是进行无球防守。"对无球进攻队员的防守核心是任何时候都要阻止和控制攻方队员向最有利进攻的区域移动并接球进攻，这就需要防守无球队员在持球进攻队员与无球队员之间正确选择防守位置，同时随着球和进攻队员的转移变化及时调整位置，保持人、球兼顾的防守主动地位。防空切技术防守无球球员，要做的就是不要给对方跑空位，尽量不要让对方在舒服的位置接球，或者内线卡位的时候，不要让对方太过于接近篮筐下接球。

防无球切入。对手切入时，要积极进行堵卡，不能让对手顺利地切入。如果对方向篮下切入，可以用身体或手臂合理地挤压，迫使对方绕道变向或失去最佳进攻位置，同时要用手臂在对手与球的方向进行挥动，干扰其接球，使传球队员不敢贸然传球，如果对方进行横切时，必须要先堵住对方向前传球的路线。然后堵在切入队员的后方达到有效地防守。要根据球和自己防守对手所处的位置来确定和调整自己的防守位置。有球的一侧为强侧，无球的一侧为弱侧。当自己防守的对手处在强侧时，因其靠近，随时都有接到球的可能，所以要全力封锁对手接球，同时又能控制对手向篮下切入。防守队员应采取错位防守，即站在对手与球篮之间偏向有球的一侧。当自己的防守人在弱侧时，因为距离球比较远，进攻威胁相对比较小，可以适当地偏向有球的一侧或者向篮底下收缩，这样有利于协助队友防守也可以很好地保护篮板球，但是要时刻注意无球队员的跑向。

协防。防守无球并非只是防住自己所面对的无球队员，这只是防无球的职责之一。协防、补防、关门、夹击和破坏掩护是防无球的重要职责。防无球的这些防守职责是构成全队整体防守的重要环节。通常防无球队员要防 1.5，防守的 1 是指对自己所防的无球队员的控制，而 0.5 则是指对球的协防。

在防无球的过程中主要原则就是"人、球、区兼顾"，而这种所谓兼顾也就决定了在防无球的过程中技术上的特殊要求。首先是防守的选位，这种选位必须是建立在球的变化，以及自己所防进攻队员所处的区域来决定的。强侧防无球和弱侧防无球都是严格按照错位防守的选位。强侧防守无球的选位是主动向有球一侧和篮下略微移动，保持面对人（无球进攻队员），侧对球（持球进攻队员）的选位，靠近持球队员一侧的腿在上位，同时靠近球一侧的手臂要伸出，保持在传球路线上，这样一种防守选位既可以控制无球队员的切入、切断无球队员和持球队员之间的联系，同时，也可以对持球队员的突破进行协防和关门。

破坏掩护。进攻是一种整体行为，掩护是这种整体行为中的重要内容，也就是篮球理论中所说的配合形式。掩护是构成进攻整体战术的重要配合形式之一。防守对于进攻的制约和控制中破坏掩护也是重要的环节之一，破坏掩护是防无球队员的重要职责之一，在有效控制好自己所防无球进攻队员的同时，对于进攻队员之间的各种掩护配合要进行积极主动地干扰、破坏。破坏掩护的技术还是体现在主动卡堵进攻队员之间的掩护路线，合理运用身体挤、顶，对掩护的角度和位置进行主动地破坏，最大限度地干扰和影响掩护的质量，使得掩护不能达到应有的效果或彻底破坏掩护行动。在对各种掩护配合的控制和破坏中有一些专门的配合技术，包括挤过、穿过、绕过以及换防，这些控制和破坏研究的行动既是配合、同时又是个人防守技术的运用，称之为专门的防守配合技术。在准确运用各种防守的基本技术基础之上还蕴含了特殊的技术要求。

### （四）关于防守意识的理解和认识

意识是对物质和客观现象的反映，篮球运动中所谓意识是指运动员对于篮球运动攻守规律的一种认识和理解。篮球意识是运动员在多年系统训练和比赛基础之上逐步形成和建立起来的。同时，防守和进攻是篮球运动的基本矛盾，攻守之间是一种既相互对抗，又相互依存，既相互制约又相互联系的辩证关系，矛盾双方的较量和斗争，是篮球比赛赖以构成的基本前提，攻守矛盾的不断较量和对抗是篮球运动不断发展的基本动力，也是篮球运动之所以充满魅力的根本所在。

防守地位和意义的认识是防守意识的核心。攻守对抗决定了篮球运动的存在和发展，作为篮球运动员必须是攻守兼备才有可能立足于比赛，防守的地位和意义的认识是运动员首先要具备的基本意识，篮球运动不是单纯比进攻，任何重攻轻守的思维都是不可能成为优秀的运动员的，防守地位和意义的认识是衡量一名篮球运动员防守意识好坏的核心标志。具有强烈防守意识的队员，在比赛中才有可能体现出积极主动、坚韧顽强的防守行为。所以，对于防守重要地位和意义的认识，在防守意识概念中是核心。

防守意识是一种对篮球运动攻守规律的综合认识和理解。没有进攻防守无从谈起，所以认识和分析防守意识必须将攻守的矛盾统一在一个层面去认识和理解。防守意识不是一种孤立的概念，防守意识的建立和形成，首先要对进攻有全面深刻的认识，包括各种进攻技术、进攻战术运用以及运用中各种变化规律的认识，了解和认识进攻才有可能明确应该如何去控制和制约进攻，没有对于进攻技术、战术规律的深刻认识，防守势必是盲目的和被动的，所以防守意识的首要内涵是对进攻的认识；其次，防守必须要清楚不同的进攻行为应该采取不同的有极强针对性的防守策略和技术战术的运用，这是防守意识第二层次的内涵。也就是面对进攻的各种行动，防守必须要十分明确自己应该干什么，怎样的防守行动才是最合理的，这就是防守意识的具体体现。所以防守意识是一个综合的概念，是包含了对进攻和防守技术战术综合理解基础上的一种反映和认识。

防守能力是技术和意识的统一，两者有机统一，才能真正建构起一名队员的战术防守能力，技术是控制和制约进攻的基础，而意识则是指导和支配防守技术的准确合理的运用。技术的运用规律概括和抽象为意识，意识又决定着技术运用的准确性和合理性。防守技术是基础，防守意识是灵魂。

随着篮球运动的发展，攻守对抗的激烈程度也在不断增强，防守综合能力的提高，防守队员进攻的控制制约力度越来越强，不论什么层次的队伍，要想整体提升水平，首先要使防守综合能力得到强化，没有严谨周密、强硬坚韧的防守体系，要想在比赛中赢得主动、获取胜利是不可能的。研究剖析现代篮球防守技术、认识防守意识的内在本质，形成对防守完善系统的理性认识，对于不同层次队伍的防守训练有着非常重要的实践意义。

在传统防守理论的基础上，深入探索和分析现代篮球防守的发展和变化，从中发现和总结防守技术和防守意识中的变化特点和变化规律，创新现代篮球防守理论，对于篮球理论研究而言也是一项重要的工作。

## （五）篮球中锋防守技术

许多教练在探索篮球训练的方式上不断摸索。一段时期重视防守胜于进攻，之后又重视进攻胜于防守。在篮球规则不断修改的当下，世界各国的强队在篮球打法和风格上越来越趋向于进攻。而一次成功的防守，巧妙地瓦解对手的一次进攻战术，往往成为决定比赛胜负的关键。因此不论是现在还是将来，防守永远是篮球场上争夺比赛胜利的焦点。培养每个队员良好的防守意识，优秀的防守技术永远是每支球队艰巨而漫长的任务。

笔者根据相关资料，并结合自己的一些观点和看法，对中锋防守技术如何进一步提升进行了分析与研究，总结出几项有关中锋防守技术的原则。希望能为众多一线体育教师在运动员培养方面提供一些借鉴和帮助。

### 1. 何为中锋防守技术原则

在篮球比赛场上，中锋队员在防守过程中所表现出来的各种动作、行为称为中锋防守技术。中锋防守技术是运动员在教学、训练、比赛等实践活动中产生并逐步形成的。在防守技术形成一系列系统化、规范化的技术动作过程中，防守原则也就相应地产生形成了。具体地说，防守技术原理是指中心球员长期处于防守位置的一些有效的技术动作和方法合理有效运用的总和。对运动员临场比赛具有指导思维，实施战术行动的作用。

### 2. 中锋防守原则的建立

必须具备极好的防守体力。强壮的身体条件是一个优秀防守队员必须具备的基本条件。对于一个相对体型高大的中锋队员来说，无论是进攻还是防守，体力的消耗要远大于一般队员。这是由中锋防守位置决定的。在限制区内不仅中锋队员之间的对抗相当激烈，而且防守者需要频频地封堵、补防、卡位、抢篮板等等。因此对防守队员体力的要求就相当高了。

常规情况下，运动员的体力和防守能力存在极大的关联。倘若在几分钟大强度防守后，队员就变得精疲力竭，即便他还有很强的防守欲望和很高防守积极性，也将无济于事。篮球运动员在体力下降的情况下，容易表现出注意力不集中，反应迟钝，肢体配合紊乱，容易犯规等情况。防守队员体力差势必造成全队防守效率的大大降低。

要解决防守体力问题通常是没有捷径的，只有通过严格的身体素质训练才可能在赛场上保持旺盛的体力，才有可能挡住对手强有力的攻势，最终赢得比赛的胜利。

充分的赛前侦察工作。在篮球比赛中认清对手，了解对手，掌握对手在比赛中的各种技术动作和战术意图也是极为关键的。由于各种因素的影响，赛前侦察工作的开展难度较大，而且工作量也很大。教练员和运动员应尽量抓住现场侦察对手与其他队的比赛，然后进行分析讨论。或者利用现场实况录像进行有针对性的观察、分析、研究、讨论。掌握好对手在对方全队中所起的作用，然后制定好应对措施，并反复地练习、磨合。在做好充分的准备工作以后，防守者才不至于在场上手忙脚乱，并且能根据预先的安排，采用合理的技术动作，做到先发制人，合理压制对方的进攻节奏，实现在赛场上占据主动权，大大提高获取比赛胜利的可能性。

保持正确的防守身体姿势。在篮球比赛中，运动员身体对抗愈来愈激烈，特别是在高大中锋队员之间。谁能在比赛中抢占有利位置，并且更好地控制自身平衡，谁就能控制对手、控制比赛。因此防守者在赛场上保持怎样的身体姿势就显得尤为重要。中锋防守队员应在掌握身体平衡和灵活移动的情况下采用最宽的身体站立姿势。适时地把全身的重量均衡地分布在两脚上。当防守者在限制区附近防守对方无球队员时，应使身体尽量贴紧对手，并用脚限制对手的移动范围。为干扰中锋队员在篮下轻松接球，防守者的手臂应尽量前伸，并不停地挥动，以干扰对手的视线，伺机断球。

防守者在运用后撤步、侧滑步、上步、转身等技术动作时，要千万注意控制好自己的重心。在对手做出假动作时，不可以轻易起跳或侧滑而失去重心。防守者不仅要时时警惕对手的身体变化，而且要时时注意自己的身体姿势是否能够随时向各个方向移动、补防、封盖等。正确的身体姿势是打好防守的基础，也是关键，只有在赛场上始终保持良好的防守身体姿势，才能有效地控制对手，从而控制整个比赛。

中锋防守的占位原则。比赛中，进攻时中锋一旦在禁区内，往往会给防守端的中锋、前锋、后卫造成很大的压力。因此为有效阻止对方中锋队员在限制区得到球，防守者防守时站位的选择就显得尤为重要。当对方中锋抢占了靠近篮下的位置，在球传到中锋前面或防守弱侧的情况下，要想在中锋后面堵截传给中锋的球，那是相当困难的。因此，防守者需要尝试进行绕前防守，绕到有球侧并紧贴对后，时时注意对手的移动方向。在绕前防守时，防守者不能静止不动，应不停地在中锋前后及有球侧移动，使进攻者很难掌握好传球和高吊的机会。当对方队员投篮出手后，要抢占对手与篮筐之间的位置，用脚步和身体动作卡住对手身体，缩小其跳起抢篮板球的范围。

当对方中锋队员在罚球线距离拿到球后，防守者应与其保持一步距离，以更好地监视对手传球或突破的方向，当对手跳起投篮或传球时，也能有足够的起跳距离，并能与同伴协同封盖或抢断球。假如对方中锋在篮下得到球，防守者要占据其后面的位置，并且要逼近对手，迫使他远离球篮，最好能使对手在紧逼的情况匆忙投篮或传球。

瞬时判断，积极行动原则。篮球场上瞬息万变，防守者必须始终保持清醒的头脑和高度的警惕感，集中注意力分析对手的技术动作和战术安排，快速、准确、及时地做出判断。运动员的快速判断能力取决于他对对手的了解程度，以及平时比赛经验的积累和对场上特殊情况的应变能力。

在赛场上表现为干扰对手视线、抢断球、卡位、封堵以及同对手积极地身体对抗。防守者必须在场上不停地移动双脚和挥舞双臂，造成对对手生理和心理上的巨大压力，不能让其有丝毫喘息的机会。同样防守者在场上也不可有丝毫懈怠，当对手突破时要快速封堵，对手传球时要尽可能地抢断，对手投篮时要积极地跳起盖帽。

中锋防守的团队协作原则。众所周知，篮球是一项集体对抗的比赛项目，在防守中要更加重视集体协作防守的力量。中心球场的防守球队应该是灵魂。中心组成员不仅要防范其他球队攻击最强的球员，也要使局势回顾，进攻队员的任何威胁都必须对封盖做预判，从而进一步减少对手在距离篮筐较近的位置拥有得分机会。

现代篮球规则应采用任一队人盯人防守战术，但不要误以为后卫的大个子盯人防守是一个人或一打一人盯，因为它会导致失明，漏洞的防守，防守质量也显著下降。场上任何一位防守队员被迫失去原定的防守目标时，应该积极主动招呼同伴，实现及时补防或换防。其他队员在发现对方的错误后，应主动与同伴取得联系。只有重视集体的力量，我们才能在集体竞争中发挥最大的力量。因此，必须以加强协作和团队防守能力为中心，这样才能更好地发挥自己的防守能力。

中锋防守的攻击性原则。压迫式防守是指利用防守技术手段，打乱对方节奏，破坏对方技战术配合，造成对方各种失误和违例的增多，从而增加本队获得球权的次数。篮球发展至今，其凶猛的强度变得更加明显，主要表现在争夺攻防对抗。防守的压迫性是为了更加有效地扼制对手凶猛地攻击，同时为自己创造出更多的进攻条件。

实现压迫性防守，首先要界定"防守就是进攻的开始""应该凶猛守不攻"，其次培养学生极强的执行力。表现在比赛场上主要是：善于想办法接近对手，不怕摔了他的胳膊，不怕打到手臂，大腿顶不害怕。堵漏突破人的时候，不怕遭受打击；抢到防守篮球的时候，要敢于去挤位，与对手周旋到底，视情节冲突，要善于快速跳转、跳高等。压迫性防守并没有一个特定的模式，需要场上的防守队员根据场上实际情况进行因地制宜地灵活运用。

防守的规则性原则。篮球规则是基于篮球比赛。无论是进攻还是防守必须是规则所允许的条件下攻防兼备作战。因此在防守技术动作的培养过程中，必须遵照规则的许可性和特殊性，有意识、有目的地进行训练，提高防守技战术能力，从而使运动员的防守能力更具合理性、有效性。

中锋队员在篮下防守，队员间的身体接触就显得愈加频繁、激烈。因此中锋防守队员更应吃透篮球规则的精神，合理地运用规则为自己创造有利的条件。例如：当对方的中锋队员在本方限制区内时，防守者要大胆地与其逼近，和他在限制区内碾磨，以造成对方三秒违例。当对方队员持球快速向篮下突破时，防守者要及时抢占突破路线，并把胸部亮给对手，造成对方匆忙躲避或带球撞人。防守队员要认真理解规则，使规则为自己服务，而不是束缚自己的手脚。

树立起坚定的防守信心。人盯人的防守是头对头、手对手、脚对脚的一种搏斗。防守者必须具备足够的信心成为一名优秀的防守者。当然这种信心并非来自防守者对对手的轻视与不屑一顾，而是一种如临大敌、全神贯注的精神状态。这种信心在训练场上表现为运动员忘我的刻苦训练，在赛场上表现为运动员强烈的防守欲望。防守者在连续的攻守转换中，在与对手一次次碰撞中总想抓住每一次控制球的机会，敢于冒险、敢于牺牲自我。必要时会飞身抢篮板、倒地断球，努力去做每一件细小而有意义的事。这些都是运动员信心的一种体现。

中锋队员在场上的防守任务重、责任大，是场上防守的核心人物。因此中锋队员必须有足够的信心防住对方篮下凶猛的进攻。要具备不肯向对手低头、永不言败的坚强性格。自信心是一种微妙的东西，它会在赛场上相互传染，可以鼓舞队友、振作士气。充满信心地去防守你的对手，你将很快地成为一个优秀的防守者，中锋队员要谨记这一点。

# 第七节　抢篮板球技术

篮板球是攻防转换的枢纽，是控制比赛节奏的关键。本节对争夺篮板球的问题进行探讨，旨在提高学生的抢篮板球技术，使他们能够更好地掌握篮球技术，并在篮球运动当中享受快乐。

## 一、研究抢篮板球技术的必要性

### （一）抢篮板球是获得球权的主要手段

在很多比赛中，抢篮板球次数比投篮命中率（或总投篮次数）对比赛胜负影响更大，即现代篮球运动把争夺篮板球作为获得控制球权、争取主动的基本依据，作为个人和全队实力的主要标志之一。如果进攻时抢篮板球占优势，不仅可以增加进攻次数和篮下得分的机会，而且可以增强外线中投的信心和减少对方发动快攻的机会。防守时抢篮板球占优势，不仅可以中断对方连续进攻，造成对方外线中投的心理压力，而且还能为本队发动快攻创造更多的机会。因此，一个球队抢篮板球技术掌握的好坏，对比赛的主动与被动、胜利与失败起着很重要的作用。

### （二）现代篮球运动发展的需要

比赛速度是篮球运动的精髓，是取胜的锐利武器，即投篮与争抢篮板球的次数也随之增加。据统计分析表明：在篮球比赛的常规技术统计指标中，强队与弱队区别最大的指标就是获得篮板球的多少。一场篮球比赛中出手投篮次数都在100次左右，命中率一般不到50%。也就是说，出手投篮后超过一半的控球机会要通过争夺篮板球来获得。

### （三）我国篮球队与世界强队抢篮板球的意识和能力差距大

强队的篮板球能力不会弱，而弱队的篮板球能力也不会强，这是人人皆知的事实。目前，当我国篮球正在努力缩小与世界强队的差距、走向世界、力争成为世界强队时，即把提高篮板球争夺的技术水平及理论研究当作一项重要的内容去解决，具有重要的现实意义。

## 二、运用的基础

### （一）强烈的拼抢意识，观察预测准确

争抢篮板球时，身高、弹跳、技术熟练是重要因素。但是，运动员勇猛顽强的作风和强烈的拼抢篮板球欲望，以及对球的反弹方向和落点及时准确的预测，在比赛中具有更重要的作用。对比赛中的每一次投篮，都要做好争抢篮板球的思想准备，做到有投必抢，养成良好的习惯，增强抢篮板球的欲望和意识，才能取得主动权。熟悉掌握篮板球反弹方向的基本规律，根据投篮的位置、距离、角度、弧度、篮圈、篮板和球的弹力，准确预测投篮不中球反弹后的方向和落点，及时抢占有利位置，是抢得篮板球的有利保证。

### （二）主动、先动抢占空间位置

当对手投篮时，要抢先在原地挡住自己的防守对手，然后根据判断，向球反弹后的落

点方向和可能的落点处移动。当同伴投篮时，要积极地用前、后转身或快速地脚步动作摆脱对手的挡人、挤占位置，及早地压住对手。无论是争抢防守篮板球或进攻篮板球，要尽力贴牢和挤住对手，先于对手起跳，迫使对手跳不起来或起跳稍晚，从而更有利于抢占空间位置，控制篮圈的空间。

### （三）抓球凶狠，向下拉球快而有力

当跳起在空中用充分伸展臂的手接触到球时，应尽可能快而凶狠地向下拉球，充分发挥抢篮板球的技术动作力量，将球拉到头上或胸部位，动作要简练，速度要快，力量要大，要有气势。在抢的防守篮板球向下快速拉球落地的同时，空中半转身落地侧对前场，以利于快速衔接一传或其他进攻动作。

### （四）配合战术组织

抢篮板球技术已成为攻守战术不可缺少的一个重要组成部分。争抢篮板球不但要有良好的意识和个人拼抢能力，而且还要利用集体配合进行拼抢，要有组织、有目的、分工明确地加强对篮板球的争夺和控制能力，做到投抢结合、有投有抢、有挡有抢、抢挡结合的配合方法。

## 三、运用的具体分析

### （一）抢先占位

这是争抢篮板球技术的关键环节，它对能否抢到篮板球起着极其重要的作用。抢防守篮板球，要力争抢先占据对手与篮之间的位置，把对手挡住在自己身后，要做到即使抢不到内线位置，也要抢占对方的侧面，争取起跳时调整到有利位置，为拼抢创造条件。如被对方挡在身后时，可利用身体接触或跳起后的动作，抢对手在头上的空间球。抢进攻篮板球时，首先要利用突然的脚步移动和假动作，摆脱防守队员的挡位而挤向篮下。抢占有利位置一定要考虑球的反弹规律，要根据观察和经验预测球的落点，运用快速的脚步动作，合理地运用转身、摆脱、动作、挤压对手，力争捷足先登，适时起跳。

### （二）及时起跳

抢先占据有利的位置后，要注意保持正确的起跳准备姿势，及时起跳，充分伸展，扩大制空范围。起跳前两腿微曲，上体稍前倾，两臂高举过头，眼睛注视球，根据判断球反弹的方向、高度和落点，采取不同的起跳蹬地用力的方向，或者通过脚步动作的调整，两脚用力蹬地提腰，两臂用力上摆，超前于对手起跳，手臂向上充分伸展力争在最高点使球和手相遇。

## （三）抢球动作

跳到最高点时，身体和手臂要充分伸展，控制制高点，扩大制空范围，五指分开，用力抓球并将球握牢，腰腹用力，迅速凶狠地将球拉到胸前或头前部位，保护好球。根据攻守双方所处位置，抢获球的可能性和球的落点，在抓获球时可以用双手、单手和点拨球的三种方法。双手抢篮板球的制高点比单手抢球低 5~10 厘米，但是这种方法握球牢稳，不易被打掉，有利于维持身体平衡，便于迅速衔接下一动作。单手抢篮板球在空间向一侧伸展范围较大，如果队员左右手都能够单手抢篮板球，就能在自己周围的各个方向增大抢球的机会。当处于对手背后或侧面的不利位置时，可采用这种方法。抢篮板球处于不利位置或高度稍差于对方时，为了提高触球高度，可多采用点拨球的方法将球点拨给同伴，或用手指将球挑拨到便于自己获球的位置，也可以主动地、有计划地利用点拨球的方法，缩短传球的时间和加快第一传的速度。

## （四）获球后的动作

防守中抢到篮板球，要在空中半转身侧对前场，最好在空中直接传给同伴发动快攻。得球后一般要双脚落地，先使前脚掌触及地面，同时屈膝，两脚平衡开立，两肘侧张，双手紧握球，将球置于胸前或头侧。为了保护球，应将球放在远离对手的一侧，并加强攻击立即传球或突破。

篮板球技术是篮球活动中关键的技术环节，是进攻和防守的枢纽，控制好篮板球，基本就掌握了比赛场上的主动权，为最后的胜利奠定了基础。篮板球是比赛双方争夺的焦点，只有控制好篮板球，才能有效地执行技战术。因此，在篮球教学过程当中，学生要积极抢位，正确判断，把篮板球这项关键技术学习好、掌握好，并应用到比赛当中。

# 四、抢篮板球技术分析

抢篮板球技术是一项较为复杂的组合动作，要想成为优秀的抢篮板球能手，运动员必须具备以下素质。

## （一）"篮板球"意识

篮球比赛的对抗性、应变性等特点决定了运动员在争夺篮板球时，不仅要有熟练的抢篮板球的技术和能力，而且要有应付各种复杂情况的应变经验，能根据不同情况迅速做出正确判断，及时和合理地运用抢篮板球技术动作，这种根据抢篮板球规律和特点而产生的对抗篮板球的感知及其一系列思维过程，就是抢篮板球的意识。存在决定意识，意识又反作用于存在。显然，出现争抢篮板球时机时，身处有利争夺区域的运动员采取"观望"态度是争抢篮板球意识不强的反映。美国职业篮球教练雷·乔治说："抢篮板球 75% 取决于愿望，25% 取决于能力。"可见培养强烈的争抢意识对提高争抢篮板球能力的作用。

有身高就拥有抢篮板球的优势，但身高却不是唯一的衡量。我国篮球运动员姚明的身高是最高的，拥有得天独厚的条件，但在 NBA 激烈的赛场中他的篮板球数据并不突出，虽然他本人在身体力量方面或许有些欠缺，但从某种程度上也反映出我国篮球运动员抢篮板球的意识与世界优秀运动员间还存在着较大的差距。

## （二）勇猛顽强的作风

现代篮球运动员发生身体接触已是司空见惯的事，尤其是在抢篮板球时，身体碰撞更是频繁而激烈，不敢与对手进行剧烈的身体对抗，任由对手随意抢位，就等于把抢篮板球的有利位置和主动权让给对手，使对手获得抢篮板球的优势。"两强相遇勇者胜"，敢抢敢拼才是抢篮板球的硬道理，所以必须树立勇猛、顽强、敢抢敢拼的作风，做到勇而不乱、每球必抢、有球必争。

## （三）篮板球反弹的规律

熟练掌握篮板球反弹的基本规律，是迅速做出准确判断、快速及早抢占有利位置的前提。篮板球反弹的方向与投篮距离、角度，篮圈、篮板与球的弹力有密切的关系。一般情况下，投篮的距离、投篮的弧度和球反弹的距离成正比：投篮距离近，则球反弹的距离近，投篮的弧度高，则球反弹高。投篮角度对反弹方向的影响一般有三种情况：在 45° 角投篮时，大多数球弹向对侧 45° 角左右或反弹回同侧地区；在 0° 角投篮时，部分弹向对侧 0° 角，部分反弹回同一地区或中间地带；在中间地带投篮时，绝大多数落在篮下正面。

## （四）掌握挡人和冲抢动作，抢占有利位置

当投篮出手时，应力争抢占有利位置，把对手挡在身后。防守篮板球的抢位要突出一个"挡"字。当对手投篮后，准确判断进攻对手向篮下冲抢的路线，并用身体合理地挡住冲抢路线，把进攻队员挡在身后，同时伸出双臂增加挡人面积，防止对手挤进来。抢进攻篮板球时要突出一个"冲"字。当同伴或自己投篮时，当球在空中飞行时就要及时做出判断，判断球可能的反弹方向，利用快速跑动或闪晃假动作，绕过防守队员抢占有利位置，占据篮圈与防守人之间的位置。如果外线进攻队员冲抢时被防守队员阻截，就要及时改变方向，利用面对篮圈时便于判断的有利条件，迅速绕步抢占有利位置，或运用上体虚晃的假动作变速变向跑，摆脱防守队员的阻截，冲向篮下抢篮板球或补篮。

## （五）及时起跳

及时起跳是在最高点抢到篮板球的关键。在起跳前应两腿弯曲，眼睛注视球，判断球的反弹方向、高度和落点。起跳时，两腿用力蹬地，手臂向上充分伸展，尽力跳至最高点

去拼抢篮板球。起跳的步伐有原地上步、撤步、跨步的双脚起跳或单脚起跳。

## （六）落地后的动作

在起跳抢球过程中，抢到球后必须把球握牢，否则极容易得而复失。因此在指尖触球后，应腰腹用力，屈指屈腕，回收手臂，拉球于腹前，双脚同时落地，屈膝降重心，保持身体平衡。抢篮板球时可运用双手抢篮板球、单手抢篮板球和点拨球三类。双手抢篮板球握球牢固，但制高点和控制球的范围不及单手；单手抢篮板球其优点是接球点高，控制球范围大，缺点是不如双手抢球牢固；点拨球其优点是触球点高，缺点是准确性比较难掌握。运动员要善于根据场上具体的情况选择不同的抢球方法。

进攻中抢到篮板球后，一般应直接补篮，或进行二次投篮，或运、传球；防守中抢到篮板球后，一般应快速传球或运球突破。

# 五、抢篮板球的训练

理论上理解了拼抢篮板球的技术动作后，就要进行刻苦地训练，在实践中强化这些技术动作。拼抢篮板球的训练包括技术训练和心理训练。

## （一）心理训练

抢篮板球的心理训练主要是培养运动员的意志和拼抢意识。在训练中潜移默化地进行熏陶，坚持反复刺激（教练员可用语言反复强调）强化，直接使运动员有正确的反射性行动，而这种意识的渗透性刺激对运动员来说往往是不知不觉的，就是在这种不知不觉中，点点滴滴的意识慢慢积累起来，从不自觉到自觉地行动，从必然转变为自然，逐渐形成一种正确的潜意识。

所谓意志就是运动员自觉明确目的，调节自己的行动，克服各种困难而实现目的的心理过程。训练可规定单位时间内必须抢到多少数量的篮板球，或在疲劳的状态下完成一定指标的攻守篮板球练习，或用比赛的方法进行攻守人数不同的训练，双方人数不等，要求双方达到预定争抢的次数。在各种条件下进行训练，提高运动员的适应能力，培养运动员的顽强性和坚韧的毅力。

## （二）技术训练

拼抢篮板球技术的训练包括完整技术动作训练与战术配合训练。

拼抢技术训练。从拼抢篮板球的技术过程来看，拼抢篮板球的技术必须具有灵活的脚步移动。要学会前后转身、虚晃绕前步抢位及后撤步后转身抢位等脚步移动。脚步移动的练习要注意保持身体的平衡，略降低身体的重心，前后转身的步幅不宜太大，但速度要快，动作要有力量。在练习时除原地前后左右转身练习外，还要做上步、后撤步、左右移动后的前后转身练习。在对抗性练习中，可加强提高脚步移动的速度与灵活性等专项素质的练习，如连续跳起摸篮板 20 次，反复跑动跳起摸篮板，等等，以增强腿步力量，提高跳起的速率与第二次跳起的速度。

在掌握了抢位动作后，手对球的感应与控制能力是关键。手对球的控制能力练习，如左手向上方抛球，右手臂向头上方伸直，当右手指触球时，迅速屈指屈腕将球拉回腹部，然后右手抛球左手接；单、双手托球碰篮板练习，在篮下持球连续跳起，在空中用单手或双手托球碰篮板连续 20 次，最后一次要求单手或双手在空中将球补入篮筐中，要求练习时，跳到最高点接球打板（可单手或双手），打板点要准确，力量要适中，手臂伸直，指腕用力。

配合训练。运动员仅仅依靠个人的身体条件、意识、技术是难以在篮板球冲抢中处于优势地位的，只有运用战术配合的方式，依靠集体的力量和智慧，形成一个有机的整体，充分利用挡人抢板，才能使个人能力得到充分发挥。抢篮板球挡人的策略有三点：

第一，用本队身材不高的队员挡住对方身材高大的队员，以此减弱对方高大队员抢篮板球的优势。

第二，用本队抢篮板球一般的队员去挡住对方抢篮板球能力最强的队员。

第三，控制对方处于有利位置的队员，使对方失去抢球的机会或行动受到干扰。

具体训练方法有内挡外抢的配合、外挡内抢的配合、内点外抢的配合、左挡右抢及右挡左抢的配合。

结合其他技术的训练。巩固和提高篮板球完整技术的动作质量，学会和掌握抢篮板球衔接技术动作，结合运、传、投技术，结合具体的战术，提高抢到篮板球的运用能力。这类训练要求防守队员在抢获篮板球后能在最短时间将球传出，如一传不能传出，应迅速运球，突破防守寻找接应者，为反击赢得更多的时间和机会；进攻队员抢获篮板球可在空中补篮，也可将球拿下寻机起跳投篮。

# 第五章　篮球的攻守研究

## 第一节　攻守战术基础配合

### 一、篮球进攻战术

篮球系统的战术教学与训练是整个篮球教学与训练内容的重要组成部分，是篮球比赛的备战过程。篮球系统战术教学和训练的主要目的是提高球员的系统篮球战术意识，掌握多方面的综合篮球战术，提高运动员在比赛中有效运用篮球战术的能力，有效地组织攻守对抗，并获得合理的有效进攻机会或有效防止对手进攻，从而赢得比赛。篮球是一项室内运动，自 1981 年问世以来就受到体育运动员的喜爱，并逐渐成为非常受欢迎的体育活动。篮球比赛的主要内容是团队战斗。为了赢得比赛，各队经常研究各种进攻战术。好的进攻策略有利于发挥每个成员的优势，为取得比赛的胜利奠定了基础。本节主要讨论篮球进攻战术体系的一些理论，以供同行参考。

篮球是大众较喜欢的运动之一，也是义务教育课程的主要内容之一。它的群众基础非常广泛。但是，在篮球教学和比赛中，我们经常发现学生的技能和战术成绩差，跑位不合理，防守时间不知道如何选择。这些问题的根本原因是学生对篮球比赛的规则了解不足。在篮球术语中，即是篮球战术意识很差。培养和提高学生的篮球战术意识，将对提高学生的篮球水平产生积极而深远的影响。学生运动员处于基础训练阶段，因此战术意识训练应与其他特殊能力放在同一位置。

相对篮球进攻战术体系的组成和分类原则，在篮球比赛中，为了实现完美的进攻战术，除了对队员个人能力的高要求外，还需要注意球员之间的合作和信任程度。只有这两个方面共同作用才能充分发挥进攻战术的效果。

### （一）篮球技战术系统

#### 1.构成篮球进攻战术体系的要素

篮球进攻战术体系并不意味着每个球员都有供给意识和进攻手段，而是主要依靠球队的配合来达到进攻效果。可以同时在主进攻和辅助进攻之间进行比赛的球员，但最好避免全体员工的自主权过强，而忽略团队运作的重要性。每个成员都必须知道，成员之间的行为会受到攻防类型以及彼此类型的影响。每个成员都是篮球进攻战术的重要组成部分。在完善各自的专业技能的基础上，将进行相应地战术训练，使团队的攻击力加倍。篮球运动员的能力水平，队员的意识，进攻意识，相应地战术设计和队员的机动性都是篮球进攻战术体系的要素。每个要素的顺序和重点的不同都会影响整个进攻战术体系。因此，有必要合理规划各个要素之间的关系，分析各个要素的优势，相辅相成，同时应增强团队合作精神，将个人攻击意识与集体合作意识结合在一起。当应用诸如"快攻""打击""机动编队"等相应战术策略时，它构成了一次完美进攻的战术系统。

### 2. 篮球进攻战术体系的分类

构成篮球进攻战术体系的要素，属于基本层次。在有序合理地分配要素之后，它们将显示出一些固定的攻击方式。表达的内容也称为性能水平。表演级别可以根据基本级别的不同，级别显示多种样式。在对篮球进攻战术体系进行分类时，应注意的是，基本水平不是进攻战术。它只能归因于特定的战斗方法或战斗技能。难度较小的战斗方法可以形成战术系统。因此，篮球运动员通常需要加强对个人进攻能力的训练，增加球队之间的合作。只有不断改进这些基本方面，我们才能进行下一步的作战协调，并制定出明显的具体含义和具体表现进攻战术体系。目前，中国已总结了这方面的理论知识，但仍需完善。因此，我们必须重视对篮球进攻战术体系的归纳总结，为篮球行业提供参考数据。意识是心理发展的高级阶段。它是人类最完美的反思形式。这是对人脑的客观现实筛选。战术意识是一项有意识的心理活动，运动员在比赛过程中会根据某些战术目的使用战术技术，合理地进行表演。篮球战术意识是运动员对篮球基本规则的理解和合理运用。篮球战术意识来自于运动员在改变客观事物的训练和比赛中的主要认知过程。

## （二）如何提高篮球运动员的技战术

### 1. 篮球技战术系统的重要性

战术意识在实践中包括两层含义：一是在游戏中注重研究和运用战术方法；二是提高战术意识。另一种是在战术上进行训练。技术。在篮球教学和训练中，加强战术意识的培养不仅是可行的，而且可以加深运动员对篮球规则的理解。因此，训练提高运动员的观察力，战术思维能力等因素对篮球比赛有深远的影响，注重比赛经验的积累和总结是提高篮球战术意识的重要保证。为了使球员能够在遇到困难，如被动、损失和多种不利因素的情况下做出随机反应，应训练球员快速将劣势转化为优势的能力，对最终获得胜利具有重要作用，可以真正提高篮球水平。它是由对运动员从事体育活动的性质和发展规律有较高理解的运动员制作的，并通过运动员的特定动作向主要运动员展示。

### 2. 篮球技战术系统与训练方法

（1）"快攻"战术及其理论问题的分析。"快攻"战术的概念：简而言之，"快攻"是在球类运动中快速进攻的技术手段。在篮球比赛中，球队的每个人都有分工，其中一些防守，一些进攻，但是根据实际情况，防守人员也可以进行适当地进攻。从防御到进攻的突然转变会给人意想不到的效果。对方可能会出现"慢半拍"现象，因为该动作无法跟上意识的变化。这使攻击者有机会快速突破。在情况反映出来之前，迅速通过封锁人员，深入敌人的篮子，增加自己的优势并增加射击的机会。这种类型的攻击主要基于"快速"技术，并且是进攻系统中常见的攻击方法。

（2）快攻的机会。快速休息的机会可能是自然因素引起的，也可能是运动员本身造成的。这种人工创造就是我们所说的"非自然"因素。在比赛中，进攻方和防守方之间的战斗非常激烈，容易造成犯规。当防守球员犯规时，可以根据有关规则对防守者判罚。此时，攻击者有机会快速攻破。此类机会的产生是随机的，不是人为故意的，并且是"自然"因素。如上所述，防守方也可以根据比赛现场的实际情况进行反击。这将使另一方感到惊讶，并为快速休息创造机会。原来的球在进攻方的手中，当进攻方运球时，防守方可以控制球抢夺，拦截和重新获得球。这时，防御方成为攻击方并增加了快速攻击的机会。此时，在盘带过程中发生的"非自然"因素的快速进攻也将在射击时有快速突破的机会。如果进攻者在投篮过程中犯了技术错误，防守方则可以在自由落体时抓住篮球，并快速突破策略。

（3）"打击进攻"战术和理论问题的分析。"抢攻"战术的概念："抢攻"技术主要实现在前场，与"快速进攻"和"阵地进攻"相同。"快速"一词用作行动的标准，但是应用程序站点有局限性，属于"位置攻击"的后续攻击方法。它在篮球技能中起着过渡性作用，并有助于实现这两种战略手段之间的完美联系。要实现"打击攻击"策略，至少需要两个团队成员合作才能完成。有许多不同的形式，但是当防守方无法形成完美的防守体系时，必须使用同一策略。如果防守方的防守是不可逾越的，没有缺陷，那么"抢"就无法发挥其正常功能。如果使用不当，它将转移球的自主权，并成为被动的防守者。选择和使用"打击攻击"策略的时机，通常来说，"打击"适用于该领域的前半部分。在比赛中，防守方将随着篮球运动而移动。在运动过程中，编队将改变。它草率，降低了防御功能。这时，它是防御方。当防御能力最弱时，进攻方应抓住这一机会，在对方没有稳定的编队时进行"急攻"。机会转瞬即逝，应抓紧为自己创造强大的局面。另外，在日常训练中，有必要训练队友的协作能力，把握进攻机会，并运用娴熟的技能掌握进攻机会。

实施攻击和攻击策略的基本要求。攻击和快速攻击具有相同的相似性，它们都是快速攻击模式。首先，我们必须迅速掌握速度。攻击的时机更难掌握，并且时机非常短。这要求团队成员全神贯注。一旦发现攻击的机会，必须具有决定性，不要太早或太晚。许多球员可能会犯此类错误。在比赛过程中，情绪波动较大，合理性逐渐降低，缺乏仔细的逻辑分析会导致进攻时机错误和对手的反攻。因此，运动员在比赛过程中必须保持头脑清醒，不能急于前进，要注意时机和技巧。

### （三）运动员技战术理念的培养

如何训练运动员的篮球战术意识？战术是运动员比赛中使用的方法，如何在比赛中正确、合理地运用战术取决于球员的战术意识水平。运动员战术意识比技术更重要，技术不好，可以学习，但是如果缺乏正确的战术意识，则运动员将失去行动指南，将无法合理地使用技术。因此，对学生篮球战术训练的意识应全面而系统，并应与技术战术训练处于同一地位。

在教学和训练中，可以采用以下措施和方法。1.学生应掌握篮球理论知识，加强对特殊理论的学习，并注意积累经验。2.提高注意力质量并提高观察能力。篮球运动员的观察能力是掌握现场不断变化的情况并做出正确判断和快速反应的前提。运动员必须学习使用眼睛余光观察比赛的状况，以扩大视野。在比赛中，要求运动员时刻注意防守者的处境，进攻球员场地的分布，控球员的动作意图和篮球在场上的位置，并应积极注意，寻找战士。3.加强技术战术标准培训。对于每个团队成员而言，掌握全面、扎实和有效的基础技术非常重要。

篮球战术意识只有通过熟练、精湛的基础技术才能得到有效体现，因此基础技术应在训练中实现自动化。但是，重要的是要注意以下事实：在基本的技术和战术训练中，应用了战术意识因素，应用了战术意识的内容，并且将技术和战术训练与战术意识的培养相结合，运用技巧和战术的能力也在不断提高。

篮球已经成为一种非常普遍的体育项目，全世界每年都会举行各种篮球比赛。为了赢得比赛并不断提高团队的专业技能，我们必须在个人技能的提高，以及相应地战术程序的基础上，从而进行有序地合作。进攻战术系统是篮球队中最常见的进攻技术之一。面对不同的战斗情况，我们应该选择最合适的进攻方式。快速攻防体系主要表现为"快攻""抢攻""定合作""动合作"四个方面。正确使用进攻手段，会使球队进攻能力增加一倍。可见，篮球进攻战术体系仍有很大的研究空间，这需要专业人员进行探索和实验。

## 二、篮球防守战术

随着现阶段我国社会主义现代化建设进程的不断加快，我国的体育事业也随之得到十分显著地发展，篮球作为其中至关重要的组成部分，长久以来得到了社会各界的广泛关注。本节主要针对当下在篮球事业发展中防守战术的教学与训练方面的内容进行分析，并提出相应观点。

篮球防守作为篮球训练中非常关键的组成部分，其不仅在对对方进攻的守卫，更为根本的目的在于争取到整个赛场的主动权，迷惑对方，使其产生一定的错觉，进而将防守转换为进攻，赢得更多的比分。随着现阶段篮球运动员自身素质和技术的不断加强，传统的防守模式已经不能很好地适应当下篮球比赛的现状，因此不断根据变化的篮球对抗模式对防守技术进行加强和完善成为当下相关部门工作的重点和难点。

## （一）篮球防守技术分析

### 1. 手臂动作和手部动作分析

在整个篮球赛场上，手臂动作、手部动作和脚步移动的有效结合对其有效发起进攻和进行防守将会起到非常重要的作用。通过对相关视频资料和文献资料的查阅，笔者发现在很多传统的训练模式上，对防守的计划性和目的性相对不是很明确，导致大部分篮球赛场上的防守都是无目的的原地挥摆，这种模式的防守所起到的作用较为一般，因此亟待对其进行改进和完善。通过很长一段时间训练模式的变化，现阶段在防守进攻方面更加倾向于手部动作、手臂动作和脚步移动三者的有机结合，其不仅能从根本上增加防守时的作用面积，同时还能有效对对方球员的进攻进行有效控制，大大增加了防守成功的概率，并有助于帮助球员积极转换自身的防守地位，向主动进攻进行变换。

### 2. 防守位置选择分析

在篮球比赛过程中，球员所进行的一系列防守动作都是从无球到有球，因此为了更好地加强防守技巧，防守位置的选择非常关键。对篮球比赛来说，其作为一项集体性的项目类型，在进行比赛的过程中需要相关队员随着对方球员的进攻情况和实际的赛场变化来进行防守位置的调整，特别是对先机位置的抢占方面，需要根据实际的情况不断进行调整。因此，这就要求篮球队员要有非常灵活的应变能力，不断争取比赛的主动权，更好地在整个赛场进行活动。

### 3. 防守脚步动作的分析

现阶段随着篮球比赛局势的日趋激烈化，以及相关防守技术和进攻技术的不断加强，在防守脚步方面也产生了非常明显的变化，改变了传统意义上的脚步运动模式，更加倾向于技巧性和灵活性相对较强的滑步运动，同时结合多种步法的组合模式去进行移动，更好地推动整个赛场的有序运行。

## （二）篮球防守战术的教学与训练分析

### 1. 防守基本步伐分析

本节通过对现阶段在篮球比赛中的情况进行基本的调查研究发现，最为基本的防守步伐主要可以分为侧步、平步和箭步这3大种类。一般来说，在实际的篮球比赛中这3种步伐都会应用，但是如何根据不同的情况选择合适的防守步伐，已成为当下相关球员和教练所共同研究的问题。在进行攻守局势分析的过程中，一般来说球员在球场上都是处于无球—有球—无球的局面，在有球的情况下球员们为了更好地把握篮球往往会采取平步的移动模式，在无球的情况下球员为了得到篮球进而转向进攻的局势之下会采用3种步伐相结合的模式。值得注意的是，无论是哪种情况，球员都需要注意在获得球之后切记不可直接进攻，而是需要考虑综合的团队作战模式，共同进行一系列的攻击。

通过对篮球比赛的具体情况进行综合分析，结合防守技术的实际教学情况，将其防守步法从以下 4 个方面进行阐述。（1）迫近法。其是现阶段在篮球比赛中应用较为广泛的一种防守步法，主要指的是篮球运动员为了获得对方运动员的球，但在不能直接攻击的情况下，会采用双脚向外跨步的模式去跳起接球，一般来说这种接球步法所产生的接球部位都是后背。除此之外，这种接球步法要求运动员在整个比赛的过程中反应敏捷而迅速，特别是在其靠近对方球员时，不能给对方球员任何转身的机会，同时还需要对其活动的范围和活动的幅度进行严格的限制，对其攻击能力和反击能力进行减弱。（2）横滑步。对横滑步来说，其主要指的是球员在进攻的过程中，往往会将一侧的脚用力蹬地，同时跨出一大步，完全将对方球员限制在自身的范围之内，同时张开双臂、屈膝去进行篮球的抢夺，在这一过程中篮球运动员所展现出来的是一种惊人的稳定力，但是也要注意到在抢夺有利位置之后，球员还需要及时改变重心，同时不断进行方向的变化，以便更好地将球传递给队友。（3）渐进步。对渐进步来说，其主要应用在对方球员进行接球的过程中，球员根据对方球员接球的方向和距离对其进行阻拦，主要方式为迎前接球和跳跃接球这两大种类。值得注意的是，在接球的过程中球员需要保持自身重心的稳定，同时还需要对对方球员前脚的位置进行逼近，切忌出现犯规行为。（4）撤滑步。这也是现阶段在篮球比赛中较为常见的一种步法，其主要适用于在对方球员进攻的过程中，其想要从防守方球员的脚前位置进行突围时，防守方球员一般会利用自身的腰力对其进行有效地控制，前脚迅速后撤，同时抢占先机，后续脚步逐渐跟进，让对方无机可乘。

### 2. 个人防守和团队配合防守技术分析

作为一项团队合作的项目类型，篮球在充分展现个人技术和能力的同时，更加侧重于对集体精神和协作能力的考验，因此在这一过程中就需要相关教练和球员充分提升其团队作战的能力和技术，不断加强团队协作以及配合训练的精神：对个人防守训练来说，教练在进行训练内容安排的过程中会根据赛场上不同的位置和角色进行相应地安排——在防守技术的训练方面，球员需要根据对方的情况来进一步确定在整个进攻的过程中对方可能采用的进攻方式是团体作战还是个人作战，根据不同的作战情况进行相应地防守技术的调整；在个人进行防守的过程中，还需要及时根据对方球员的进攻情况去选择合适的位置、距离、方向、角度等等，以便在后期的防守过程中能够充分地进行一系列的动作，在必要的情况下还需要与团队成员进行合作；一般来说，在整个比赛的过程中持球的球员所产生的威胁要远远高于其他队员，因此对其进行必要的防守是至关重要的，但是其余 4 人未持球的队员也是不可忽视的，由于篮球是一项集体性的运动，因此在整个比赛中对方任意一个球员占据有利位置都可能进行投球，这就要求球员在进行防守的过程中在有针对性的同时需要留心观察对方其余成员。

### （三）针对无球队员防守技术分析

在整个篮球比赛的过程中，除了持球队员之外，其余9人都处于一种无球状态，如何在这种状态之下抢夺篮球，既有效防守又能转向二次进攻已逐渐成为当下相关教练人员所考虑的首要问题，笔者将从以下3个方面对无球队员的防守技术进行阐述。1.球动人不动原则。所谓的球动人不动主要指的是在进行正式比赛的过程中由于球的位置是处于一种时刻变化的状态下，因此球员在进行运动的过程中需要根据球的位置去进行相应距离和角度等方面的调整，同时在这一过程中球员要始终将其注意力放在球上，这也就导致在整体状态上呈现出球动人不动的状态。一般来说球与队员之间的夹角为120°为最佳状态，在这一过程中需要根据球员的实际情况进行及时调整，但是始终要保证球员与球状态的均衡性。2.人动球不动原则。篮球比赛在其进行的过程中更多地会对球员的反应灵敏程度和球员的临场发挥能力进行考察，因此在这一过程中球员需要根据实际的比赛情况去进行相应调整。一般来说，为了更好地适应篮球赛场的整体环境，在比赛的过程中球员会根据对方球员所呈现出来的状态分析对方的战术和战略布局，并不是一味盲目的跟球跑，要时刻对对方球员的攻击意图和实际的攻击情况进行适当地调整，尽量抢占先机和有利的位置，去迫使对方球员无法有效实施自己的战略布局，在对方慌乱的过程中对其进行攻击，进而取得比赛的胜利。3.人球同时动原则。这也是现阶段在篮球比赛的过程中应用最为广泛的原则之一，其主要指的是在进行篮球比赛的过程中各个球员彼此制衡和防守的一种状态，具体来说就是篮球运动员要根据自身的情况对对方进行防守和攻击球员的选择，在整个比赛的过程中需要有针对性地进行进攻或防守，但是这并不是绝对的，队友之间还会根据具体的比赛情况进行相应地调整和选择，但是总体上要秉承"球和人同时动"的原则，切实的保证自身的防守安全，坚决不给对方可乘之机。

本节通过对现阶段我国篮球防守战术的教学与训练进行了分析和讨论，对不同的防守技术具体从步法、个人防守、团队配合等方面进行阐述，希望能在未来的篮球教学和训练的过程中起到一定的促进作用，进一步推动我国篮球事业的发展和进步。

## 三、篮球攻防战术融合

篮球发展起源于美国，1891年由一个美国体育老师詹姆士·奈史密斯在一次偶然中发明。篮球作为三大球之一是世界上最有影响力的比赛之一，它不仅仅是一项对抗性的体育活动，一项娱乐活动，更多的是代表一种生活态度，一种生活精神，不论是在国际比赛中还是地方比赛中，现代竞技体育的竞争越来越激烈，早期的篮球比赛没有什么具体规则和人数限制，双方球员人数相等就可以，随着参与人数的越来越多，比赛规则和比赛设施也不断改变。近几年，我国篮球运动的发展速度越来越快，在篮球世界大舞台上，我国篮球发展成效显著，逐步缩短了与强国之间的差距，球队成员技术性也逐步改变，从原有的全面发展，到攻守转换，体现出篮球技术从注重强攻、注重球员踏实的技术基础上进行了革新，除了保持原有的球场技术外，攻防战术也至关重要，进攻能里外，灵活应对，促使我国篮球运动不断向更高、更强的方向发展，下面就篮球攻防战术意识的探究与策略进行讨论。

## （一）篮球意识培养在攻防转换中的重要性

随着篮球运动的高速发展，对球场上球员的综合能力逐渐提高，想要更好地提升篮球运动员在篮球比赛中攻防配合，首先要培养运动员篮球意识，篮球意识的养成是一个循序渐进的过程，这种意识可以帮助运动员在比赛中更好地阅读比赛，从而更好地完成攻防配合。篮球意识能够让运动员更好地理解篮球比赛的攻防战术含义。能够在紧张的比赛中，发挥自身定位的攻防作用，从而更好地完成教练安排的攻防任务。一旦运动员在球场上缺乏篮球意识，就会使得攻防战术没有灵魂，生硬执行攻防战术只会获得适得其反的效果。所以说在篮球训练中提升意识培养尤为重要。

## （二）影响篮球攻防对抗技术的主要心理意识因素

在篮球比赛中，防守和进攻是永恒的话题，在运用攻防战术之前，球员的心理意识因素往往会制约战术的运用。随着篮球运动的发展，在现代高对抗的篮球比赛中，在篮球赛场上，不是单一的凭借个人篮球技巧和身体素质来决定胜负，更多的是团队配合能力，谁的攻击体系有效地攻破对方球队的防守，防守端能够限制对方的进攻才能获得胜利，单一的技巧只能获得短暂的得分。在球队攻防对抗中，最重要的是运动员心理因素，在比赛场上，不仅是体能和技巧的对抗，更是心理的博弈。在短暂比赛中，发现对方球队攻防的弱点，进行针对性地调整，从而获取比赛的胜利。在比赛场上谁能在心理博弈胜利，谁就能做到避其锋芒攻其不备，因此球员全面系统训练尤为重要，其中运动员的心理意识智能方面要更加重视。

### 1. 意识

篮球比赛中，运动员需要有明确的目的性，有高度的责任感和团队意识，篮球本身就是一项制约与反制约的集体对抗活动，集体荣誉感更是每一个场上队员应该铭记的荣誉，篮球比赛是团队竞技，是需要靠脑子打球。除了意识外，保持沉着冷静的头脑，密切注意球的传递变化和进攻队员的活动，攻击性进攻和防守还需要一种坚韧不拔、不屈不挠的精神，如果从精神上就能压倒对方球队，会使得整场比赛都是在一个心理舒适区打球，会极大增加赢球概率，类似于主场优势。

### 2. 智能

作为一个优秀的篮球运动员，其必须要拥有空间智能、身体运动智能和人机智能，这也是能不能成为一名篮球运动员的培养方向。在篮球赛事的比赛中，智能的表现体现在球员的传球和身体的敏捷移动、球场上的快速奔跑、良好的弹跳，以及对于带球能力，观察能力等方面，球场上表现为高度集中的注意力和赛跑的速度，激烈对抗中的体力和控制力，这往往会出其不备给对手带来一定的压力，这样在心理战术上就已经奠定了获胜的基础。

## （三）攻防转换中意识的训练培养对策

### 1. 运动员的观察能力培养

随着球场上对手的能力及对手的战略布局和安排的变化要求运动员通过观察可以灵活掌控，并且能默契地根据教练要求随机应变。千变万化的情况是球场上经常发生和出现的问题，在遇到特殊情况能够深度阅读比赛果断采取措施，从而达到帮助球队的作用。例如，在球员进行抢断时，需要同步用眼角余光快速观察到场上球员的全面移动情况，以便更好地判断，决定是快攻还是阵地战。

### 2. 提高运动员分析能力

在篮球比赛场上，运动员在场上复杂情况的决策是球队获胜的关键。提高运动员对篮球比赛的分析能力，能够让球员快速地处于比赛节奏中，球员在场上能够更好地分析对方防守球员的技巧和特点，从而进行针对性地进攻和防守，提高进攻成功率和防守效率。犹如知己知彼才能百战不殆。强大的分析能力，可以帮助球员在处理胶着的比赛局面时快速做出正确的动作。

## （四）篮球攻防战术策略分析

### 1. 制定明确的指导思想

篮球球队的指导思想，需要由历史的角度进入，要根据篮球运动发展趋势，结合球队球员能力和素养进行针对性制定。通过逻辑分析与判断，在设计战术结构时，总结本队的战略指导思想和风格。例如：巅峰勇士队拥有机动性强、投篮准等特点，进攻端不停地拉开空间跑位，防守端可以无限换防，遇到对方强打内线时迅速包夹，逼迫对方失误打反击。库里、汤普森、杜兰特都是联盟前几的射手，格林、伊戈达拉是联盟顶级防守大闸。同时，也有一定的投篮能力，对手也不敢轻易放掉，那就要立足于这一实际，确立以快为主，灵活机动的战术风格和基本的攻防战术打法，在此基础上不断提高球的运转速度质量，增加空位投篮的出手次数，以适应各种情况，在比赛中以保持主动地位。

### 2. 构建符合球员的攻防战术体系

组织战术需要根据球队中球员的自身特点，在战术体系建设中要能发挥每个队员的能力和特点，使球员之间能够默契配合，从而提升球队的竞技能力，同时也要根据对方球队的特点进行战术调整，让球员在不同的战术体系中均处于最佳位置，从而最大限度地发挥球员的能力，同时也能为球员创造更好的发展空间。

### 3. 在攻防战术构建中加强团队合作

在球队攻防体系中需要球员间的相互配合，在球场上每一个位置都对应着球员的活动范围和职能区域，通过位置之间的相互跑动来执行进攻战术或者防守战术。团队合作是篮球攻防战术的基础，即便是个人能力出众的球星，也需要和其他队员通过跑位拉开空间并制造投篮机会。在篮球进攻体系中，通过球员之间球的转换和跑位，确定进攻点，齐心协力创造机会，从而提升得分效率。例如：最简单的进攻战术，通过突破吸引包夹然后分球，创造外线射手空位投篮。在防守战术体系中，二三联防等都是要求团队协作。在球队战术体系中，团队合作最为重要，是球队长期发展和取胜的关键。

### 4. 攻防战术执行加强果断性

在篮球比赛中，战术组织和执行要有果断性，在竞技比赛中，影响胜负的因素很多，士气、球员心理、球队配合、战术组织等。执行战术不能犹豫，通过极短的回合，要完成战术的组织和执行，同步完整攻击阵型和防守阵型。加强战术执行的果断性，能够有效地解决球员在球场的摇摆不定心态和不适应性，能够快速稳定比赛局面，同时提升球队比赛士气。

### 5. 提升球员战术基础

良好的战术基础可以让球队在比赛中更好地调整战术及攻守策略，在篮球回合进攻中，防守攻击时刻在交换，提升球员的战术基础，能够使球员在每次的攻防转换中更加适应自己的位置，从而发挥最大的效果。在自己球队节奏中打球，每个球员都能很好地执行战术要求，一旦在比赛中被对方球队打破节奏，或者攻防战术被对方球队针对，这样会导致球员不能更好地进行比赛，造成失误变多。攻击打不出来，防守防不住的现象。优秀的战术基础可以让球员更好地在比赛中进行自我调整，打破局面。提升球员的战术基础，可以让球员更好地适应比赛中的变化，调整打球方法，使得球员更好地适应当前比赛。

## （五）浅析篮球攻防战术探究

### 1. 三角进攻

作为一项团体性运动，在篮球的攻防体系里有无数的进攻体系和防守战略。在球坛，有这样一个名字，它是帮乔丹完成飞跃、斩将夺旗的好帮手，即三角进攻。从19世纪90年代到20世纪早期，三角进攻方式在NBA实在是大名鼎鼎，三角进攻的缔造者是一位传奇的篮球教练萨姆巴里，他将三角进攻运用在球坛；而真正被灵活运用的时期，不得不从1983年已经年过花甲的温特说起，他将三角进攻体系运用在迈克逊·乔丹身上，一段新的传奇悄然开始。所以三角进攻是乔丹刚进NBA就开始学习的战术，所谓三角进攻就是由一名球员落低位，一名球员在同侧底角三分线，第三名球员在45度，这三个人之间形成三角形的站位，原本理论上落低位的球员以中锋为佳，单后来在公牛队被修正为拥有底位能力的球员，就可以去低位改变对方的防守。同时除了这一侧的三名进攻球员外，弱侧的两个人也要保持好方位和距离，它最大的要求就是争取让球场每个人持球时都可以向另外的四个点传球，这样防守方将非常难判断球的走向，每一次传球，每一次空切在三角进攻中都带着满满的目的性。三角进攻的核心在于拉开空间内外结合，使对方球队无法跟上自己的传导球节奏，有内有外的击败对手，这个战术要融入球员的脑海里，变成一种进攻思维发挥出最大功效，也正是因为乔丹、皮蓬的全能性，他们作为锋线球员既能够很好地支配球，又能够在低位制造足够的威胁，而后来在湖人时代，拥有奥尼尔这样的低位大杀器，更是让泰克斯·温特的战术发扬光大。

### 2. 牛角防守

有进攻就有防守，在 NBA 一直流传着得防守者得天下，从 2006 年湖人队在科比的带领下利用三角进攻使得火力冠绝联盟，但是依旧不能获得总冠军，总决赛依旧败于防守为主的凯尔特人队。牛角防守作为防守的典型。两军胜负难分晓，关键时刻用牛角，但是由于人员的技术特点不同，牛角的打法也不同。牛角战术采用的是 122 的落位，后卫在弧顶控球，两名内线球员站在三分线附近，两名锋线球员站在两侧的底角，首先后卫先向一侧进行突破，随后同侧中锋给后卫打掩护，此时后卫可能会出现投篮或者突破的机会，随后大外援向反方向进行跑动。球员会落成一个 V 形，像极了两个牛角，所以此战术得名"牛角"。此战术拥有空间充裕、布局平衡等特点，既创造出外线投篮机会，也创造出内线得分机会，这也是 NBA 球队在比赛中经常打的战术，雷霆队就是最擅长打牛角的一支球队。

综上所述，篮球的攻防战术千变万化，根据自身球队球员的特点制定才是获胜之术，而一场篮球比赛也不是一个人可以赢下的，技术不是闭门造车就能成功的。教练和球员良好沟通，团队的坚持、勇气、协作、执念、梦想，这就是篮球精神。而如今，篮球不单单是技术上的较量和运用比拼，早已经成为一种精神，无兄弟、不篮球，团队精神是一个能让篮球团队拥有战斗力的基础和动力，同时也是篮球运动的灵魂，球员之间的默契和合作才能让每一个球员更好地投入到篮球运动中，为团队发力，一起让篮球队伍更加强大。

# 第二节　快攻与防守快攻

篮球作为一项团体竞技体育运动项目，在日常娱乐生活中也是一项知名度很高的休闲娱乐活动，生活中各种各样与篮球相关的竞赛有很多。也正因如此，在篮球队的日常训练中，每支球队都十分重视得分技巧的训练。在篮球训练中，快攻战术是一种常用的战术方法，能够帮助球队更好地获得进攻机会。因此，作为一种很好的得分技巧，快攻战术在篮球训练当中被广泛运用，该文针对篮球快攻战术的训练技巧展开分析。

# 一、快攻

在篮球训练中，掌握合适的方法，能够极大地提升效率，实际比赛中也能展现出较好的水平。作为一种常用的战术方法，在篮球训练中快攻战术应着重进行相关技能培训。

## （一）快攻战术

### 1. 概念

篮球快攻战术是为了更好地获得进球机会而采用的一种战术方法，通过恰当地运用这种方法，在篮球比赛中能够有效提升球队得分的可能性。快攻的直接目的是以最快的速度到达前场，通过这种方式来最大限度地降低球被拦截的可能，提升得分的概率。快攻战术对队员之间的配合度要求很高，同时要求进攻球员的速度较快。合理地掌握快攻方法，能够形成有效地反击。

### 2. 特征

快攻战术是当我方获得球权之后进而快速进攻的战术，其最直接的特点便是进攻速度快，可以减少控制人数。快攻战术对于反应速度和意识要求较高，持球队员在获得球权后立即展开进攻。快攻战术利用的是己方较快的进攻速度和对方防守队员未来得及进行回防的时间差进行得分。

### 3. 快攻战术的重要性

在篮球比赛中，得分将直接影响篮球比赛的最终成绩，而快攻战术作为一种得分率较高的战术手段，在篮球比赛中得到了十分广泛的运用。篮球比赛往往节奏快，攻防转换更加频繁。快攻战术是一种由守转攻，由被动转为主动的重要方法。合理运用快攻战术，能帮助球队很好地提升队伍的士气，同时对掌握赛场节奏具有重要作用。正因如此，在篮球比赛中，掌握快攻战术应是每一支球队都要重视的问题。

## （二）日常训练快攻战术基础训练

### 1. 理论知识教学

篮球比赛不仅依靠身体素质，同时也依靠一定的专业知识。在篮球训练中有一个较为普遍性的问题，是部分球员虽然了解快攻战术，但是对快攻战术并没有一个全面系统化的认识。因此，在篮球训练中，针对这一问题要不断练习，让球员对篮球基本战术有充分的认识。

### 2. 快攻意识的培养

快攻意识是指在比赛中球员能够意识到将要开展快攻或者能够及时识别对方的快攻意图，进行有效地回防。在篮球比赛中，赛场情况瞬息万变，在比赛中要根据赛场的实际情况采用相应的战术方法。快攻战术开展时机不对将直接影响整个球队比赛的节奏，同时快攻战术并不是依靠某一个球员便能够完成，需要的是整个球队的密切配合。对己方或者对方快攻战术的分析将直接影响最终的进攻或者防守效果。

### 3. 战术训练

战术训练是快攻战术能够顺利实施的重要保障，快攻战术对团队的配合程度要求较高。比赛与日常训练最大的不同便是比赛的节奏更快、同时比赛过程当中对方的进攻节奏、进攻战术都具有较高的未知性。在日常训练中，要注重对基本动作的训练，通过专项动作训练，不断强化球员的肌肉记忆，例如对传球、运球等快攻战术开展过程中十分重要的技术动作。对基础性动作进行不断地强化训练，形成一种肌肉认知，进而最大限度地减少在实际比赛中可能出现的失误。

### 4. 加强基础性的体能训练

体能训练是整个快攻训练中基础性的训练内容，在篮球快攻战术开展过程中体能消耗巨大。如果球员的体能素质较低，将直接导致在快攻的过程当中没有足够的体力支撑，很容易被对方反超。对于快攻战术训练而言，良好的体能尤其是短期爆发力的培养，是最为关键的内容，快攻效果的好坏与体能训练直接相关。

### 5. 心理素质培养

球场上的赛况是瞬息万变的。在激烈的比赛过程中，对球员心理素质的培养也是篮球战术训练应重视的问题。在日常训练过程中，球员应对球队有信心，从而更好地应对得分暂时落后的情况。快攻战术的目的是使整支球队由守转攻。当球队进攻失败或者比分暂时落后时，球员能够有一个正确的心态面对，球员心态的好坏将直接影响到球队的士气和最终的比赛成绩。

## （三）快攻战术的训练步骤

### 1. 无防守训练

在进行篮球快攻训练的过程中，首先应进行无防守训练。无防守训练的主要目的是为了最大限度地加强队员与队员之间的磨合程度，通过这种方式使得队员能够了解快攻战术，同时也通过这种方式不断加强传球和运球技术的磨合，从而减少失误。

### 2. 消极防守训练

消极防守训练建立在对快攻战术有一定了解的基础上，通过一些消极的防守，使队员之间的配合程度能够得到有效提升，同时对快攻战术中的走位方法不断加强。消极防守训练的主要目的在于当对方球队在不同位置进行防守的过程中，本方球队能够快速根据战场的实际情况来进行战术方法的选择。通过这种消极防守训练的反复强化，进而实现对快攻战术的熟悉。

### 3. 积极防守训练

积极防守训练安排在进行无防守训练和消极防守训练之后，能够使球员对快攻战术的运用场合有深入认识，同时积极防守训练，能够将球队在快攻战术当中的进攻效率发挥到极致。

## （四）篮球训练中快攻战术的主要方式

### 1. 抢断球反攻

快攻战术开展的首要要求便是速度的提升，要求球员在得到球权之后能够迅速抓紧时机进行反击。因此球员在进行反攻的过程中，要能够抢断对方的控球权，协调配合，对对方进行防守并开展反攻。快攻战术的目的是在对方无法快速回防的情况下，己方球队抓住进攻机会得分。抢断球进行快攻反击，这种方式要求球员具有较快的反应速度，能够在抢断球的同时立马开展进攻，这对队友的配合及球员的反应速度具有很高的要求。

### 2. 后场篮板抢球进行快攻反击

球员在后场得到球权之后第一时间开展反攻，能够帮助球队顺利地开展快攻。在后场篮板抢到球权之后进行反攻，这种战术需要后场队员与前场队员的密切配合，从而使得持球者能够在最短的时间内发起反攻。因此，这种战术对球队的配合程度要求很高，需要各个位置上的球员都具备一定的快攻意识，能够及时展开进攻。

### 3. 通过发后场边线球或者中圈跳球

后场边线球和中圈跳球是篮球比赛中常用的快攻方法。在队伍开展快攻的过程中，利用后场边线球能够很好地营造进攻时机，且进攻效率很高，在传球的过程中也应注重队员与队员之间的配合，保证传球的精准，降低失误率。中圈发球也是十分常见的发起快攻的机会，且具有较高的成功率。

## （五）快攻战术日常训练浅析

### 1. 短传边路上篮

短传边路上篮要求队员与队员之间要具有较高的配合默契度，且传球精准，在日常的快攻训练过程中，也应注重对这种快攻方式的选择。当球打篮板时，两名队员同时争夺球权，当其中一名队员获得球权之后，另一名球员应当从边路快速向下，准备接传球。在这个过程中需要二人配合默契，注重跑动速度，进而更好地将快攻战术应用到实际快攻当中。

### 2. 交叉运传配合

快攻战术并不是一味地向前进攻，同时也需要通过斜线走位来进行防守，在日常训练中可以以两人为一组，以队员 A 和队员 B 为例，队员 A 在边线位置，而队员 B 在中线位置，A 将球传给 B，B 将球运到其他队员的位置，同时寻找机会将球权转交给在中线位置走位的队员 A。通过这样的反复交叉配合进而发现对方的漏洞，选择合理的时机开展快攻。

### 3. 三线快攻配合

快攻过程大多数情况下以短传为主，但是长传也偶尔会发生。也正因如此，在传球过程中需要采用长传与短传交叉进行，由两人发起进攻转变为由三人发起进攻。边线队员最佳的上篮位置应当是在罚球线附近，边线队员在罚球线附近能够更好地接球发起进攻。在长传球的过程中极有可能出现传球失误，因此需要对三人的配合默契度进行训练，不断地总结经验，减少在传球过程中的失误。

### 4. 插上接应三线快攻配合训练

在开展此类训练的过程中，需要三名队员相互配合。应当是两名球员分别在边线位置走位，一名球员拿到球权之后应到中路位置，队员一起向中路快进，使持球者能够避开防守，持球者将球传给另外一名队员之后迅速向边线走位，通过反复配合，使快攻效率得到提升。

在篮球训练的过程中，快攻战术作为一种十分常用的战术方法，每一个球队都应掌握。在进行日常训练的过程中也应注重对快攻战术的培养，要不断提升队员的理论知识、快攻意识及相关战术基本认知，同时以体能训练为基础、心理素质培育为保障，最大限度提升快攻的效率。

## （五）快攻意识的培养

青少年篮球的快攻意识培养要求篮球运动员必须积极配合思考，并且需要充分发挥其主观能动性，在训练与平时的运动中，一定要有教练员的积极性，运动员的自觉性与主动性等，而且要及时进行沟通交流，相互配合。青少年篮球运动员对于快攻意识的认识和训练的理解方式，在一定条件下可以反映出平时训练的动机，影响每一次训练的效果，通过不断反复的思考和总结，每一次训练每一次比赛的经验会不断提高青少年篮球运动员的快攻意识。

### 1. 技术训练中培养快攻意识

青少年男子篮球运动的黄金时期是十分重要的，它对于广大青少年的意识培养或者基本功训练来说都是一个黄金阶段，是否能运用好快攻战术，与青少年时期篮球的训练不可分离。所以我们在平时的训练中要主抓这些基本技术。如：二人短传，二人长传，抢篮板球技术以及一传的判断能力。这些基本动作技术对于做好快攻战术来说相当重要。青少年男子篮球比赛中，很多队伍不知道怎么才能有效地发动快攻，这会在很大程度上降低推进的速度，更无法保证快攻的质量。对青少年篮球快攻意识的训练，防守篮板球也是重点要求，要培养队员们积极抢下篮板球的意识能力，保证快攻的进行，其次是在比赛时对于抢断球的处理，随时有可能会是一次快攻的机会；最后还要强调一点就是当我们发界外球或者说是我们比赛开始或者是跳球的时候也是快攻最容易出现的场合，需要在平时的比赛中不断磨炼。

### 2. 战术训练中要注重培养快攻意识

青少年男子篮球运动员对于快攻意识的培养，不仅是在篮板球上和一传加强联系，对于一传的人选和准确度要求也十分得高，尤其对于接应队员的要求很高。接球人员需要有很好的判断和快攻意识。在己方队员抢到篮板球的第一时间快速接球，保证最先启动的速度上的领先和位置上的优势。而且要加快运球的速度，在最短的时间内形成人数上的优势。在快攻意识的培养上，持球队员的推进速度和无球队员跟进的速度都是非常重要的，与此同时还要进行大量的磨合训练，达成一定的默契，拉扯开空间是最关键的，这样才能更好地完成快攻。青少年在训练的过程中应做到从简到繁，由易到难的顺序进行训练，从运球推进的速度到传球质量上面进行训练，例如：双人长传、三人绕八字、三人直线等多种方式进行练习。

### 3. 实战训练中要注重培养快攻意识

青少年时期对于快攻意识的培养，在很大程度上需要依靠比赛实战的促进才可以迅速提高。在日常的训练中需要有像比赛实战一样的对抗和强度，甚至是比赛强度的两三倍的训练，只有这样大负荷的训练才能使运动员在短期内有效快速地领悟提高。不管什么比赛都要尽可能让运动员参加。不断地磨练才可以熟悉掌握，通过比赛的紧张和专注程度来促进运动员水平的提高。无论比赛场上发挥好的还是不好的地方都会最大程度的表现出来，平时的训练质量在赛场上会最大程度的放大五倍十倍，所以在平时的训练中一定要注意训练的质量，保证训练的强度和负荷，同时贴合实战，进攻与防守，矛与盾，要体现在激烈的训练当中。如果成为一名优秀的青少年篮球运动员，必须具备在比赛中自我解决的能力，并不断反思不断总结等。

### 4. 通过心理训练培养快攻意识

运动员除了依靠技战术水平获得比赛胜利之外，心理状况也是其获得胜利的关键因素。青少年篮球运动员年龄相对小，身心发展相对不成熟，心理相对不稳定，同时又缺乏比赛的实践经验，在比赛的过程中经常会出现心情激动、心理紧张，心情急躁、造成冲动大脑发热的状况，从而导致在比赛中不能进行合理或者是平时水平的较量。所以，在平时的训练中教练员更要加倍重视心理训练，重视比赛，使场上五名队员随时保持冷静、从容、清醒的状态，时刻准备投入快攻。不断地培养运动员积极拼搏的精神和奋勇顽强的意志。相对比赛来说发挥好自己的力量，个人能力或是个人的篮球意识等，最重要的是一个团体的配合与默契，以集体的力量和智慧来争取快攻战术的成功，用良好的心态来对待。这样才能创造更多快攻的机会，只有这样青少年对于篮球的快攻意识才能不断进步甚至提高，并拥有较强的心理素质。

### 5. 发挥教练员的主观能动性

每一个教练员在快攻意识的形成和培养中要不断地发挥主观能动性，在比赛和训练中起着主导和决定性的作用，在每一次的训练过程中要不断进行完善。教练要把篮球运动的基本功，篮球运动的普遍规律及本质特点，关键环节等进行正确的示范动作，精确明了地表达传递给每一个青少年篮球运动员，并与运动员进行及时有效地沟通互动，要让青少年理解在不同情况下、不同位置上职责的具体要求，有目性的促使运动员运用快攻战术，贯彻快攻意识，而且还要及时解决训练中出现的问题，这样才能不断提高青少年篮球运动员的快攻意识。

## 二、防守快攻

篮球防守快攻是由进攻转入防守时，队员以积极主动的思想、顽强的精神、沉着冷静的头脑，合理地应用封、夹、抢、断球等手段，尽最大的努力破坏或减少对方发动快攻。防守快攻是防守战术的重要组成部分。掌握好防守快攻的思想和方法，能有效地制约对方的进攻速度，为本队组织有效的防守争取时间。随着篮球比赛速度不断加快，防守快攻战术的方法越显重要，应把防守快攻战术的思想和方法贯穿于教学之中，使学生掌握防守快攻战术的方法，学会在比赛中运用。

### （一）建立完整的防守快攻战术概念

运用直观法与语言法相结合的方法进行快攻与防守快攻战术演示与讲解。一般采用小黑板、图片、教学录像组织学生观看防守快攻战术演示，同时运用简明扼要的语言，讲明战术的阵形，配合方法的位置路线、动作顺序、时间以及每个球员的作用和同伴的协调行动，使学生比较清楚地了解战术的全过程。有条件的也可用电影、录像等电化教学手段，使学生初步形成完整的防守快攻战术概念，利用重复演示或重点演示防守快攻配合方法中的某一环节，进一步讲解战术的关键，启发学生的思维，加深对防守快攻战术的理解。在演示、讲解的基础上，让学生在假设攻、守情况下进行现场试做，实际体会防守快攻阵形、位置分工、配合路线、配合动作等，把看、听、想、做有机地结合起来，加深和巩固完整的防守快攻战术概念。

### （二）合理安排防守快攻战术教学步骤

防守快攻是由防快攻发动与接应、防快攻推进、防快攻结束三部分组成。教学时首先应把防守快攻的几个阶段和要求讲清楚。采用分解教学法，把堵截快攻第一传和接应、防对方推进、防结束阶段分别进行教学，先教堵截快攻第一传和接应，再教结束阶段的一防二、二防三，最后再教防对方推进，在整个教学训练中，应始终注意加强拼抢篮板球、防运球突破、补防，以少防多等防守技术配合的训练，队员的分工要明确，配合要默契，根据落位情况封一传、堵接应、防快下要及时到位，有组织地迅速退防，同时应注意培养队员防守快攻意识，坚韧不拔的意志和拼抢作风、提高防守快攻的质量。防守快攻教学与训练应与快攻训练相结合，互相促进，不断提高攻、防能力。

### （三）正确选择防守快攻战术教学与训练方法

防守快攻要在积极主动的思想指导下，针对快攻的三个阶段，采取积极防御行动来阻止对方快攻的发动和推进，争取时间组织阵地防守战术。

防守快攻的发动与接应，首先在进攻时要尽量减少失误与违例，不给对方偷袭的机会，同时要掌握好投篮时机，布置队员拼抢篮板球和退守，注意攻守平衡。进攻投篮后，立即拼抢篮板球，对对方抢到篮板球和掷界外球的队员与接应队员，要积极进行堵截，夹击与控制，破坏和干扰其传球和突破，力争制止发动快攻，这是防守快攻的关键。与此同时，其余队员要迅速行动，快速防守，前后照顾，防好快下的队员，有组织地展开防守。

防快攻推进，前线防守队员在后撤与追防的同时，要与对手保持一定的距离，要抢最快捷的路线和有利的位置，边防边后撤，控制对手的推进速度，阻挠其传球与运球，达到减慢推进速度的防守目的，赢得时间，后线防守队员要边退边控制后场，对快下的队员严加防范，切断对方长传路线，并要相互合作，争取占据罚球区位置。

防快攻结束，对方推进到前场后，这是防守快攻的决战时刻，要积极展开争夺。在人数上处于劣势的情况下，队员要冷静判断，大胆出击，打掉对方控制的球，或做假动作进行干扰，造成对方错觉，延缓其投篮速度或造成其失误，赢得时间和力量上的均衡。如果对方投篮，要积极跳起封盖，影响其命中率并积极拼抢篮板球。防快攻结束时，经常出现以少防多的局面，虽然处于不利情况，但是只要防守队员能积极、顽强并合理地运用防守技术，也会获得成功。

"一防二"要力求做到，退守中积极移动，始终注意占据和调整有利于兼顾的防守位置，有策略地利用假动作干扰，造成对方失误或延误其进攻速度，赢得时间，争取同伴们的回防，准确判断，出其不意地出击。

"二防三"要力求做到，在积极退守中紧密配合，根据进攻的不同情况可采用平行站位，重叠站位，斜线站位的队形，里外兼顾，左右照应，分工明确，对有球队员和无球队员加以控制，严控篮下，不让对方轻易切入篮下进行攻击，准确判断，出击断球和打球。

### （四）随时纠正防守快攻教学与训练中易犯错误

在篮球战术教学过程中，教师不仅要通过各种途径，采用行之有效的教学方法、教学手段与措施教授战术学习内容，而且要随时注意观察学生在学习过程中掌握的情况，以便及时发现问题及时采取解决问题的方法，由于战术结构、组织形式、特点和难易程度不尽相同，所以错误表现形式也各有差异。防守快攻教学中，学生一般易犯错误有：临近获球队员的防守者，没有及时封堵第一传；没有紧迫接应队员，阻断其接球路线；处在前场的防守队员，只顾后撤没有与对手保持一定距离，应边防边后撤控制对手快速推进；防守快下队员时没有控制好中路，卡紧边线，切断其接球路线；防守快攻结束阶段以少防多时，由于防守者缺乏信心和决心，没有保持沉着冷静而导致行动不积极，配合不恰当。要根据不同类型的错误，整体、全面、细致地分析产生错误的原因，及时果断地采取有针对性的纠正方法，这样才能不断提高教学质量，缩短教学进程，使学生尽快建立正确的防守快攻战术概貌，掌握防守快攻战术各个环节的运用时机，从而提高防守快攻战术的质量。

# 第三节　人盯人防守与进攻人盯人防守

## 一、人盯人防守

随着篮球运动的不断发展，防守显得越来越重要，防守是比赛中最重要的策略，防守支配着比赛的节奏，可谓真知灼见。纵观世界篮球运动的形式，分析防守战术体系。本节就人盯人防守的综合运用从以下几方面谈谈浅见。

### （一）人盯人防守体系设置的依据

随着篮球运动中的攻守对抗，相互争夺日益强烈和篮球规则的不断演变，当前的防守，无不以积极、顽强的作风，统一的集体，突然行动，造出磅礴的气势和凌厉的防御攻势，加强对进攻者的心理干扰和精神压力，使对方产生疑惧、混乱，进而主动控制住对方的进攻，迫使对方按照防守者的意图行动，而且现代的防守都在努力发展并采用多种形式的战术打法，有针对性的依情度势适时变换内容，以战术运用的灵活多变，谋划攻心，从策略上与部署上制约，打乱对方。

只有防守者在具有良好的体能条件、娴熟、合理、准确的防守技术及相互之间的协同配合下，才能不断扩大在球场上的防御面积，增强空间及地面的封、盖、抢、夺球的能力。从个人的行动及全队的组织，都要强烈攻击，破坏对方，造成最大的失球程度。为了更有效地抑制和破坏对方有力的进攻，使用单一形势，固定时间，缩小防区，坐待时机等消极刻板式的防守形势，与时代的要求已不相适应，因而建立并发展综合使用防守方法，是当前防守战术发展的必然趋势。

采用人盯人防守的战术综合运用，能较强地体现出防守战术的攻击性与机动性，它以防守持球人为主，紧紧盯住对方在全场任何区域内的活动。因此采用此战术利于提高个人的防御能力，增强防御意识，加强个人防守的责任心。我国是亚洲国家，在队中无特殊高大、体壮的队员只有采用人盯人防守战术力求在比赛中实现"层层设防、步步为营、争夺地面、而后制高"的策略原则，以达到延误时间、破坏配合、减少对方进攻次数、降低投篮准率性、最大限度地控制对方的得分，才能体现"先不负而后求胜"的整体战略战术。

### （二）人盯人防守体系综合运用的特点

一般常见的盯人防守有紧逼盯人和机动盯人等，这两种防守主要体现在"松、紧、逼"三个字上。简要地说就是切断对方（进攻者）队员之间的联系、配合，有利于协防。对远离持球人防守要"松"，并给予假象，随时准备断球或协防；对邻近持球人的防守要"紧"。绝不允许对方在预定的有利于进攻位置上随意接到球。同时，也要注意掩护和换防；对持球人的防守要"逼"，并做攻击防守的动作，迫使对方运球、停球。如停球时，应立即干扰其传球与同伴进行夹击防守，促使传递失误或五秒违例。

只有充分做到"松、紧、逼"的防守方法，才能充分体现出人盯人防守方法的原则和规律，做到人球兼顾，随时改变，调整位置，才能把对方控制在自己的有效防守区域内。

### （三）人盯人防守体系的运用方法

攻防交替与转化是以"获球权"作为标志，而转化或交替的时间则是攻防双方激烈争夺的焦点。因此由进攻转入防守的首要任务是"失球所在地立即进行防守"；进攻的结束即是防守的开始，必须瞬间防守。瞬间转守是防守意识强的表现，是个人与集体防守的先导，也是整个防守的首要关键环节。

但进攻成功时，即投篮命中时转守。此时，无论心理准备方面还是神经过程转化方面都处于最佳状态，所处的攻守态势相对而言也利于转守，应该采用全场紧逼人盯人、攻击性防守或全场扩大盯人防守。

但投篮没中即篮板球被对方获得或进攻时传球被断，这一转守是在人数不等，位置相近条件下转化，应使转守反应快，动作协调，有效地制约攻方快攻，应直下篮下盯人防守。

但进攻时由于在前场传球出界或造成违例，当对方在后场发边线球时，除防止对方偷袭外，一般可退后进行防守。在后场防守时造成犯规违例或是触球出界，当进攻队在前场发边线球时，防守者可依照发球的属区进行防守，由进攻转入防守的程序：追防—攻击与破坏—协防—顶挡抢篮板—抢球后—传反击，做到"球失分不失"的原则。

### （四）人盯人防守体系综合运用规律与要求

人盯人防守不是被动的单纯防御，而是从心理、思想、作风上，无球一方对有球一方主动进行攻击的积极行动。对待进攻队员，尤其是对无球的进攻队员，丝毫也不能放松警惕性。要以最大的坚持力，高度的精神集中，不断了解对方的意图，时刻监视着和控制着进攻队员的行动。人盯人防守不应视为个人的单独的防御行为，人盯人防守是在五个人盯五个人的基础上，五个人还要防住构成威胁的任何一个将要得分的特殊球员。在防守中敢于大胆的取舍，人盯人防守最策略的防守方法是不使进攻的队员轻易地接到球，即使接到球，也不能直接进行投篮与过人，要针对对方的技术特点及所处的位置，破坏或干扰对方的投篮动作习惯与节奏，对方进攻投篮出手后，防守并未结束。要把防守后的顶、挡人拼抢后场篮板球或是地面球作为衡量防守彻底性的标准，抢不到后场篮板球，再优秀的防守，也会变得徒劳无功。

人盯人防守正确的行动，来源于敏锐观察、判断。在防守中，要善于观察与思考，将持球的进攻队员和自己的防守队员置于视野范围之内，随着球和对方的移动，防守队员要做到"球动人动""球动的方向是防守者移动的方向"，经常调节和变换位置，取得良好的视角，正确对待场上所发生的情况与变化。人盯人要采用平步面向对手的防守脚步动作，以髋作轴，用两脚的内侧急速移动或蹬动，以加大防御面积与对抗力量，充分制约对方的有效活动。防守者要从心理上敢于攻击进攻者，失球后立即在退守中找人，并就地进行防守。比赛由攻转守的过程是最困难的事情，因此队员要灵活转换，要充分掌握捕捉时机，准备做好防中有攻，攻中有守的手部和脚部动作，目的明确，行动敏捷扰乱对方的进攻意图和减少空手人接到球的机会。

人盯人防守的不足之处就是容易被对方造成各个击破的机会，因此要加强防守区域内的人员优势要及时协防和补防，尤其个人防守中要防止对方队员在两边45°以下地区接球。避免边线队员持球突破和正面、异侧的徒手队员做纵横空切，正面的防守队员要侧防守，不回头。对异侧队员要注意防横溜，抢在头，防守边线队员横要位时，使对方上下移动，不让中间。如中间接到球应防底线，是对方向协方区运球移动。防守篮下队员要始终站在对方的前面，注意对方的身体与脚步的状态，防吊球和横动，迫使对方远离篮下或利用外线队员保护球。

目前进攻人盯人防守最有效的方法就是身体的配合移动中不断使用掩护配合，尤其是纵掩护的发展与使用更具有较大的威胁。因此，防守对方的掩护和主动破坏对方的掩护是人盯人战术防守配合的重要内容。当防守队员处于被掩护部位或是有可能对方采用掩护时，要机敏地识别对方的意图与行动，内线或后面队员要呼叫提醒。防守的队员要积极用抢过、绕过、穿过的办法，摆脱对方挡住的行动路线。也可用交换盯人的办法，破坏对方的掩护。但必须提醒，防守换人时，以不让对方轻易地接球为原则。因此交换盯人是在一定条件下使用，不能逢挡就换。这样不易于了解对方的特点，反而容易减弱人盯人的责任心。对付后掩护要先抢后换，换人的时间尤为重要，最好加以局部的多方，方能达到破坏掩护进攻的目的。

人盯人防守战术是篮球运动中各种防守战术的基础，要求防守队员以防自己分工的对手为主，兼顾球，看准时机，大胆抢断球，并可利用各种防守的基础配合，如抢过、穿过、关门、掩防、补防、夹击等，队员之间，密切配合、灵活机动地进行伸缩性防守，制约进攻队的战术配合，及时弥补防守方的特长，防守漏洞，随时争取主动权的一种防守战术。

有效的防守，必须伴随着强有力的进攻，如果不具有一定的进攻水平，再坚强的防守也不能取得最后的胜利。相反，掌握了较强的进攻能力，又会给防守创造良好的条件。俗话说，胜不可一。也就是说不能把某一进攻与防守的作用看作是唯一的绝对的东西。

人盯人防守有它的优点也有它的不利因素。因此除了采用人盯人防守外，还应向其他多种形式的综合防守方向发展。

# 二、进攻人盯人防守

提起篮球赛事，大家首先想到的肯定是NBA。作为国际性顶尖球员的分布，莫过于NBA的各个球队。在这个顶级的篮球比赛项目上，不仅仅是依靠球员的个人能力就能获得胜利，场下教练的战术布置和场上的组织、控球后卫的组织能力都有至关重要作用。篮球比赛主要分为三种形式5V5、4V4、3V3，3V3也就是我们平时说的全场和半场，对于全场和半场的战术布置和运用也有所不同。人盯人战术在比赛场上是最实用的战术之一，也是最实用的防守战术。既有防守必有进攻，人盯人战术的防守破解方法也有很多种，这对于组织后卫的球权分配和教练战术布置的执行能力起着关键的作用。利用站位讲解进行分析如何破解人盯人防守的战术。

## （一）球场上人员的位置

1号位，组织/控球后卫（简称PG），他在场上的作用是合理分配球权，球队进攻发起点，而且视野必须开阔，运球必须要流畅，即便是对手压迫性防守也能顺利地把球带过去，并且进行组织进攻，NBA现役的组织后卫比如库里、朗多、保罗等，退役的组织后卫如基德、纳什、约翰逊等知名球星。

2号位，得分后卫（简称SG）

得分后卫的主要职责就是得分，跑位得分，挡拆空位得分，一般都是三分线外投篮精准的人员寻找好的投篮点，NBA现役的得分后卫如哈登、克莱·汤普森等，退役的得分后卫如乔丹、科比、艾弗森顶级球星等。

3号位，小前锋（简称SF）

他们的职责和SG有点一样也有不一样的地方，一样的地方就是得分，不一样的地方就是用不同的方式得分，小前锋必须有强烈冲击篮筐的能力，防守端还要记得轮换，3号位的球员必须全面，NBA现役的小前锋如詹姆斯、杜兰特等，退役的小前锋如拉里·伯德、朱利叶斯·欧文等老牌球星。

4号位，大前锋（简称PF）

大前锋一定要稳健，因为差事太多了，苦活累活大前锋都要做，篮板、防守、卡位，大前锋虽然不需要很强的得分能力，但是必须把篮板和防守做到位。NBA现役的大前锋如安东尼·戴维斯、阿德托昆博等，退役的大前锋如蒂姆·邓肯、卡尔·马龙等超稳得分手。

5号位，中锋（简称C），球队的顶梁柱人物，在进攻端中锋能在禁区各种单打，有很强的脚步能力，防守端，不能轻易让对手进来，盖帽能力不能少，中锋位置身体接触频繁，拥有健壮的身体对打中锋有很大的优势。NBA现役中锋如约基奇、恩比德等，退役的中锋如哈基姆·奥拉朱旺、沙克·奥尼尔等内线杀手。

以上是球场上 5 个位置的分布以及每个位置的职能。

## （二）实战中常用的防守战术解析

### 1. 二三联防战术解析

上边是组织后卫和得分后卫站在两边，防守范围是罚球线延伸至三分线平行以上的位置，罚球线延伸线下是小前锋和大前锋站在两边，中锋站在中间，防守范围主要是底线两边和篮下，中间 5 号位主要负责补防、协防和夹击，要点就是堵中放边，二三联防主要是针对突破和内线强的对手，相互协作夹击，由于联防的缺陷比较大，所以在国际大赛中很少出现。

### 2. 盯人战术解析

每一个球员都负责对方的一个球员，无论他手里有没有球，进攻方可能会运球或者传球来移动，都需要紧跟着你负责的那位对手，跑到哪里就跟到哪里。对方手里有球，就需要缩短两人距离全面对上；对方手里没有球，就可以放松半步保存体力，这种战术关键时刻可以追分，也可以用于犯规战术。可见，这种防守战术不论全场和半场，可谓无时不在，有人拿到球就会有人上去盯防，这也是篮球的乐趣所在。

## （三）全场和半场的概念和用处

### 1. 全场篮球介绍

大家对 NBA 赛事都比较关注吧，NBA 在国际上是顶尖的赛事，就是用全场进行比赛，防守战术也是人盯人的防守战术。全场篮球又称为 5V5 篮球，全场篮球是用于各个比赛的场地，无论赛事的大小，都是由全场比赛进行，从而分出胜负，同时也代表着每个队的排名和实力的象征。

### 2. 半场篮球介绍

3V3、4V4 的半场篮球，在生活中接触最多。半场防守一般采用最多的防守战术也是人盯人的防守战术，更容易紧逼对手，一般的防守范围就是三分线以内。半场篮球的节奏快，不论是防守还是进攻，对体力的消耗是非常大的，半场讲究的是配合是战术的执行。半场篮球对于战术的解析更为清晰实用，让你打球更轻松，得分更轻松。

## （四）人盯人防守战术破解分析

人盯人防守战术可分为两部分，一是全场紧逼防守的破解，二是阵地防守战术的破解。

### 1. 全场盯防比赛破解分析

战术破解一：（战术）。俗话说：两军胜负难分晓，关键时刻用牛角。牛角战术：采用是 122 落位，但针对牛角的战术少说也有几十个，主要特点是无球掩护，利用挡拆和双挡拆，挡住盯防人的去路，给进攻者更多空位投篮机会和突破机会，也是破解人盯人防守最重要的手段。主要分为内线下顺 Rub 系列和双人掩护系列，但是由于牛角战术千变万化，打法多种多样，更侧重于组织后卫的组织能力和团队协作能力。

2. 战术破解二：（详解）

全场人盯人紧逼带夹击的原则是堵中放边，进攻的时候反其道行之就是中路突破，两个人保持接应距离，遇到夹击就可以接应分球。

阵地人盯人需要组织后卫在场上的应变能力以及战术的布置，首先是强侧挡拆，3 号位给 1 号位挡拆，再次弱侧挡拆，首先是 4 号位给 2 号位挡拆，然后是 1 号位传球给 5 号位，最后是 4 号位挡拆完毕下顺向篮下进攻，接到 5 号位传球，上篮得分。

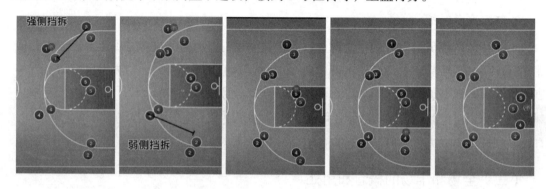

战术破解三：（详解）。1211 全场紧逼时，蓝方 1 号位和 2 号位夹击接球人时，由红方 3 号位给红方 4 号位打掩护 4 号位下顺进行接球，如果 4 号下顺过程中蓝方 4 号位进行换防，那么由红方 3 号位进行下顺接球。

阵地人盯人组织后卫持球，利用中锋或者大前锋进行挡拆，进行错位单打进行突破，如有夹击，可传球给得分后卫进行三分投射或者小前锋进行突破上篮。

2. 半场盯防比赛破解分析

战术破解方法一：（战术）。半场的战术都是围绕着无球掩护战术和 DHO 挡拆进行跑位，在半场比赛中，对组织后卫的能力尤为重要，掩护之后的投篮或者掩护之后的传球，都有很大作用。我方肯定不想出现让对手放心的投篮不进或者挡拆拿不到球吧，那样再好的战术也无济于事了。所以破解人盯人战术最为重要的因素是提高组织后卫个人能力。在本场比赛中，投篮命中率是赢球的关键，但是战术是在我方手感不好时赢球的另一个途径。

战术破解方法二：（详解）。半场比赛节奏很快，对于战术的运用和了解需要更加流畅和熟悉。3V3 比赛的人员一般都由一个组织后卫、一个小前锋、一个中锋，也就是我们说的 1 号位、3 号位和 5 号位组成。

既有投篮，又有突破，又有篮板。人盯人防守，1 号位盯防 1 号位，3 号盯 3 号位，5 号盯 5 号位，3 号位和 5 号位站下面两侧，1 号位在三分线外一步中间位置。破解战术分析：

3 号位给 1 号位做挡拆，我方 1 号位吸引对方 3 号位的防守之后，我方 1 号位将球传给我方 3 号位，这时对方 5 号位上前会补防，这时我方 5 号位溜底接球上篮。这是 3V3 中最简单实用的一种。如图：

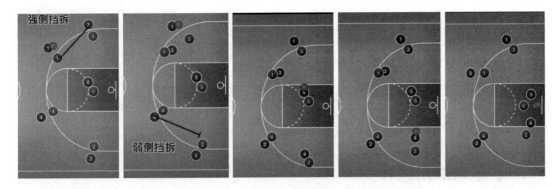

战术破解方法三：（详解）。DHO 挡拆战术破解人盯人防守战术，落位：3 号位持球，5 号位罚球线右侧，1 号位在另一侧底角，3 号位运球到 1 号位位置，5 号位跟随，3 号位挡住防守的 1 号位，顺势手递手传球，利用挡拆空位投篮，如进攻方投射不太准，5 号位随后继续挡住协防过来的 3 号位，1 号位继续运球至三分中线位置，形成错位单打，这时进攻方 5 号位已经进入篮下站好位单打防守方 3 号位，进攻方利用 5 号位的身高优势轻松打进。

（1）要熟悉场上每个人员的落位和职责，才能根据实际情况发挥出每个球员的特点。

（2）防守阵型针对对手的特点不是一成不变的，深入了解防守阵型，进攻时才能找到更多的突破口。

（3）无论是比赛还是娱乐，都要保持一颗平常心，心态会影响正常发挥，从而错失机会。

（4）战场上的排兵布阵，能以少胜多，一个好的军师可抵千万大军；球场上的战术布置，能破解人盯人的防守战术，一个好的组织后卫能让每个人轻松得分。

利用 NBA 每个位置的代表人物，现役人员的比赛视频和退役人员的录像进行研究其每个位置的打法和特点，能更形象具体地知道在球场该去干什么。

知己知彼才能百战不殆，从防守中寻找适合自己进攻的方式，了解防守战术等同于了解进攻战术。篮球比赛的规则也是防守中重要的一部分，研究战术的同时别忘记了解比赛规则，别让犯规困扰你的发挥。

全场和半场的体力消耗形式是不一样的，想要获得胜利，一定要合理地在进攻端和防守端分配好自己的体力。增强体质，在比赛对抗时会有很大的优势。

# 第四节 区域联防与进攻区域联防

区域联防是一种最早的篮球防守战术，经历了一百多年的考验，至今仍然让很多教练员头疼。研究它的特点，有针对性地提出进攻区域联防的理论原则，为篮球从业者提供借鉴。

区域联防是球队由进攻转入防守时，防守队员迅速退回后场，每个队员分工负责、协同配合防守一定的区域，队员随着球的转移不断积极调整自己的位置，形成一定的阵形，把每个防区的同伴有机地结合在一起所组成的防守战术。

## 一、区域联防的种类

区域联防的种类有很多，常用的站位阵型有："2-1-2"阵型、"1-2-2"阵型、"2-3"阵型、"3-2"阵型和"1-3-1"阵型，此外还有全场和半场区域紧逼、缩小人盯人防守、高大中锋和弱边防守篮下、各种人盯人的区域配合（如外线队员人盯人防守，其他队员区域防守篮下及"一盯四联"等），以及一场比赛中运用多种联防防守的方法。

## 二、关于"区域联防"战术的理论分析

### （一）"区域联防"的概念

"区域联防"属于篮球运动诸多防守战术中的一种，这种防守战术主要以防区为主，在篮球比赛中，进攻队员从进攻端转为防守端时快速回到后场，队员们根据场上球的情况组成不同的防守阵型，根据每一队员所处不同位置进行分工协同防守一定范围的场地，积极控制进入这一范围内进攻方的人和球，通过脚步的移动将各分管区域有机地串联起来的一种集体的防守战术。

### （二）"区域联防"战术的起源及演变

篮球运动起源于十九世纪末的美国东部，当时所采用的防守战术就是最原始的"人盯人"防守战术，直到二十世纪初期，在当地举行的一场篮球赛上，教练员惊奇地发现如果场上的防守队员不跟着无球状态下的进攻队员做"无效"的跑动，该防守队员在比赛中能获得许多短暂的休息机会，这种现象引起了当地球队对联防战术的探索，联防战术被大力推广，同时也使"区域联防"战术在这个时期初具雏形。随着时间的推移，到了二十世纪二十年代，在当地的一场比赛中，当时由于比赛场地面太滑，大大影响了场上防守队员脚步移动速度，导致补位不及时，致使场上进攻队员频频得分，给场上队员带来很大的防守压力。为解决这一问题，球队的教练员卡门·亨德森要求自己的队员在防守时分别选择一

块区域进行防守，防守取得的效果出人意料，各球队纷纷进行效仿，通过各球队不断地探究、改进，逐渐发展成为最初的"区域联防"。而直到二十世纪六十年代后，"区域联防"战术又获得了新的突破，扩大了防守区域，增多了公管区域，如有进攻队员溜底线，打破传统固定位置的防守，采用"人盯人"护送的方法，"联防"与"盯人"的有效结合，形成一套具有强烈的针对性、攻击性、集体性的综合防守战术。

## 三、关于"区域联防"的特点及优缺点分析

### （一）"2-3"区域联防的特点及优缺点

运用"2-3"阵型的落位，主要加强了篮下的防守力量，对外线投篮命中率较低且内线进攻能力较强的球队具有很好的控制效果，同样对擅长底线进攻的队员也具有意想不到的控制效果。优点：增强了内线与底线的防守力量，利于防守篮板球的争抢。缺点：外线防守力量较弱，不利于对中远距离投篮的防守，同时不利于内线高大队员的"弧顶"及罚球线区域的高位策应进攻。

### （二）"3-2"区域联防的特点及优缺点

运用"3-2"阵型的落位，能够有效破坏对方外线的投篮，伺机组织抢断发起快攻，同时有利于对付外线中长距离投篮命中率较高、内线进攻能力较弱、组织进攻能力及控球、转移球的能力较差的球队。优点：加强了弧顶、三分线及45°等区域的防守力量，有效地控制了对方三分线弧顶附近远距离的投篮。缺点：底线及篮下防守力量较弱，不利于防守内线及两个底角的进攻。

### （三）"2-1-2"区域联防的特点及优缺点

运用"2-1-2"阵型的落位，由于防守队员的位置比较均匀，具有较强的机动性，有利于对擅长正面进攻、篮下及底线进攻能力强、但不擅长发动禁区45°（即"两腰"）进攻的队伍进行有效地防守，同时这种阵型的落位有利于防守队员之间"联线"，根据场上形势的变化及时改变阵型，而这种阵型也是"区域联防"的最基本形式。优点：防守队员间的距离较均匀，相互之间的距离也较短，有利于相互呼应，有利于防守阵型的变换。缺点：不便于有效地防守中长距离的进攻。

### （四）"1-3-1"区域联防的特点及优缺点

运用"1-3-1"阵型的落位，能够有效地限制对方的前锋及中锋在禁区"两腰"的进攻，有利于防守擅长"1-3-1"进攻阵型的队伍。优点：对弧顶、罚球线、侧翼等区域具有显著的防守效果。缺点：底线及篮下区域的防守比较薄弱。

### （五）"1-2-2"区域联防的特点及优缺点

运用"1-2-2"阵型的落位，能够对外线进攻能力较强、擅长"1-2-2"进攻阵型的队伍有显著的效果。优点：宜于防守外线的进攻。缺点：不利于防守正面及篮下进攻威力强的队伍。

### （六）"1-1-3"区域联防的特点及优缺点

运用"1-1-3"阵型的落位，可以根据对方后卫队员的进攻特点，前后防守队员之间进行"联线"，及时地轮转换位，破坏外线队员发起的进攻，由于篮下区域防守力量较强，能有效地控制篮下的进攻。优点：有利于限制罚球线及禁区中间的进攻。缺点：底线及底角区域防守较为薄弱。

### （七）"对位"区域联防的特点及优缺点

此战术的特点是：需根据进攻队员位置的变化，通过脚步移动及时调整防守阵型，使双方队员形成"1对1"的对位阵势，这样不仅能够有效地发挥协同防守的作用，同时也能对有球队员及进入禁区的无球队员进行"人盯人"的防守，具有强烈的针对性、攻击性。优点：防守队员可以对传统区域联防中的薄弱区进行及时地补防，避免形成"以多打少"的局面。缺点：无法突出防守的重点，一旦补防不及时，就会出现"漏人"的现象。

篮球技战术是具体的，战术意识是抽象的，良好的战术意识必须由作为载体的技战术具体地体现出来，然而拥有良好的战术意识是赢得比赛的关键，通过按照战术意识的形成规律，培养队员的"区域联防"战术意识，具有较强的现实意义。

想要培养普通高校篮球队队员的区域联防战术意识，可以通过这几个方面出发：教练员首先应督促球队队员在训练课下加强对相关理论知识的学习，促进他们对理论知识的积累，并能将理论知识与实践经验相结合；在篮球训练课中，教练员要时刻提醒队员集中注意力，同时提高他们自身的视野范围、人球兼顾、快速移动及洞察场上位置变化的能力，这是培养队员区域联防战术意识的重要因素，队员们只有把场上进攻队员位置的分布及进攻意图掌握了，才能采取相应的防守策略，把握先机取得胜利；在篮球防守脚步训练课中，教练员要时刻观察队员在练习中所做的技术动作是否标准、规范，如有错误动作需及时进行纠正，队员只有熟练掌握规范的、标准的技术动作，才能在比赛中发现对方的进攻意图，及时移动到合理的防守位置，将会进一步体现出区域联防的作用；在进行区域联防战术的练习时，要有效地引导学生根据场上进攻形势的变化，及时调整自身位置转换防守阵型，如对方三分线外投篮命中率较高，就要由原来的"2-3"阵型转换成"3-2"阵型。如果对方锋位进攻威力较强，可将"3-2"阵型转换为"1-3-1"阵型等等；心理训练也是培养队员区域联防战术意识必不可少的一个环节，在篮球比赛比分焦灼的情况下，队员若具备良好的心理素质，才能正常地执行教练员要求的区域联防的战术安排，才能取得比赛最终的胜利，如可以经常组织进行"5对5"的队内比赛，输的一方接受一定的惩罚；根据各球队实际情况出发，对符合球队特点的区域联防阵型进行针对性地加强练习，如球队中锋防守能力较弱，可选择"2-3""2-1-2""1-1-3"阵型；若中锋防守能力较强，可选择"3-2""1-3-1"阵型。

随着时代的发展，篮球技战术水平的提高，传统固定的防守阵型、将慢慢地被历史所淘汰，而对位联防已成为新时代的"宠儿"，它不仅具备联防的集体性，而且也具备盯人的针对性，同时自身还具备强烈的防守攻击性，已成为区域联防战术发展的必然趋势。

而对于普通高校篮球队的队员来说，他们还处于传统固定的区域联防初期阶段，教练员可通过"实践—总结—再实践—再总结"的路线来促进提高他们区域联防战术意识，方法多种多样，训练时可运用多媒体工具，让队员们进行模拟演练；也可采用"绳子训练法"进行演练；当然最多的训练方式还是以实战练习为主。

## 四、进攻区域联防的基本原则

进攻区域联防最行之有效的方法，就是防守时保护好篮板球后发动快速反击，趁对方立足未稳，完成进攻。

在阵地攻防中，防守队员的打法和移动，一是取决于球的运行轨迹，二是取决于自己所负责防守区域内进攻队员移动的路线，这是区域联防的一条基本原则。

进攻任何阵型的区域联防都必须考虑到这一原则，何况每种联防防守都有它自己先天的弱点。因为当防守队员在场上移动补位时，他负责防守的区域势必就会出现空位。因此发现和利用这一弱点是进攻者的首要目的，如果有条件可以利用攻击性较强的队员多创造这种机会。进攻者在选择打法的时候，首先要判断对方使用的是不是区域联防，是哪种联防，是不是混合防守。试探对方是不是使用区域联防的最好办法，是派一名队员穿过对方防守腹地再跑出来，如果没有人跟着他，那就是对方正在使用某一种区域联防。

## 五、进攻区域联防的理论依据

无论你设计进攻哪种区域联防的战术，都离不开下面这几条理论：局部以多打少。在某一区域投入相对防守队员更多的进攻兵力，形成以多打少的局面。快速转移球。球在一个队员的手里停留的时间不能过长，也不能一个人长时间无目的地运球，要让球动起来，在球和人的快速移动中，使对手应接不暇，出现空当，从而创造好的进攻机会。无球人的穿插跑动。在场上不持球的队员不能站在原地，要按预定的战术进行穿插跑动，造成防守队员顾此失彼，从而为本队找到好的投篮机会。多做掩护。为有球队员做掩护，使其可以找到投篮或突破的机会。同时，无球队员之间也应该多做无球掩护，从而为同伴创造空位投篮的机会。

### （一）以多打少

一直以来，采用局部以多打少就是进攻区域联防常用的方法。局部以多打少就是在一个特定区域投入多于防守队员的兵力，将进攻队员从场上的另一边移动到这一边，给防守者制造相对复杂的防守局面。因为联防防守每个队员都有自己相对固定的防守区域，这样就造成在一个人防守的区域内有两名或更多进攻队员，而其他队员则无人可防。

### （二）快速转移球

一场篮球赛中绝大多数的进攻都是阵地进攻。如果把一名或多名神投手布置在防守的空位上，进行攻击，那就事半功倍了。但防守队员也是在不断移动的，他不会让你舒舒服服地站在原地投篮，那么这就要求进攻队员不断地转移球，让球动的速度快于防守队员的移动速度，同时保证不出现或少出现传球失误；在传球的同时，无球队员要按照预定的战术路线多做无球跑动，拉开防守的空当，不断制造投篮机会。这种对付区域联防的打法一个需要进攻队员有良好的控制球能力、传球能力和足够的耐心，另一个需要队员之间配合默契，每个进攻队员都严格遵守战术纪律。对付人盯人防守，也许两个队员之间互相配合就可以了，但是对付区域联防这种集体防守，需要场上的五名队员紧密配合，互相支持。如果进攻球队控制球能力差，传球又很草率，那不管哪一种区域联防都可以轻松遏制你的进攻。

### （三）无球人的穿插跑动

我们知道，任何区域联防都不会让你在原地站着等球后投篮。因此在不断转移球的同时，无球队员的跑动和切入是很重要的。当持球队员没有机会突破时，无球的队员也许可以自由通过对方防区来回穿插，并到达某一预定区域。这种打法往往可以将无球队员送到防守队员顾及不到的区域，从而使进攻队员抓住机会自由投篮，这种无球队员切入的另一个好处是切入的进攻队员可以吸引对方的防守，为其他队友拉出空当，创造进攻机会。

### （四）多做掩护

掩护的方法有很多种，现在进攻区域联防的掩护方法，中心思想是挡住防守队员，不让他对其防守区域内的进攻队员的投篮进行干扰和封盖。还有就是为无球队员做掩护，无球队员可以站在原地，等待同伴来为其做掩护，创造进攻机会；也可以在跑动中相互之间做跑动掩护，但这种掩护需要队友之间配合默契。

以上我们谈了进攻区域联防的基本原则和理论依据，在这里还要强调一些进攻区域联防的基本要点，它包括：球的转移要快，不能失误；队员不能站在原地等球，要不断移动，拉开传球的距离；及时发现和判断对方变换防守阵型的时机或暗号；预先制定好对付每个不同联防阵型的战术打法，每个队员要牢牢记住并坚决执行；确定好队内的主攻点；阵地进攻时中锋要在弧顶或两侧 45° 的策应位置上落位，外围队员进攻受阻时可以把球交到内线，迫使外线的防守向回收，如果内线没有机会，可以由策应队员再传球给外线进行攻击；在本方投篮的同时，进攻队员要做好拼抢进攻篮板球的准备，提前进入预定区域，抢占有利位置。

从运动规律的角度出发，可将篮球运动分为两部分：一部分是进攻，一部分是防守，然而两者也是此项运动的基本矛盾，在一场篮球比赛过程中，双方队员非守即攻，本方防守的结束预示着本方进攻的开始，攻防转换直到比赛结束。从观赏性的角度出发，篮球运动中，进攻占据主导地位，而防守则屈居第二，不过随着篮球运动技战术水平的不断提高，越来越多球队的教练员发现"以守带攻"反而能取得意想不到的效果，从而引起了诸多学者探究的欲望，探究的结果也让各球队的教练员认识到防守在篮球运动中的重要性。

笔者通过向广西各所普通高校篮球队的教练员及队员进行问卷调查和访谈了解到，比赛过程中采用最多的防守战术就是"区域联防"战术，多以"2-3 联防"为主。同时也了解到，为了让队员能够更好地掌握"区域联防"并且能运用到比赛过程中去，所有的教练员都认为"区域联防"战术意识的培养是首要任务，同时这也是本节所要探讨、思考的问题。

# 第六章 竞赛与游戏

## 第一节 竞赛规则与赛程编排

### 一、篮球竞赛规则

以篮球竞赛规则的发展历程和结构为切入点探究篮球竞赛规则演变的规律，为完善我国篮球理论体系，提高我国篮球联赛水平提供参考。篮球竞赛规则是篮球运动的法规，决定了其区别于其他运动的基本特征，确保篮球运动健康发展，保障篮球比赛公平、公正、有序地进行。在一百多年的演变过程中，篮球规则不断融合了竞技性、表演艺术性和商业性的因素。现代篮球规则演变的方向将主要围绕如何提高篮球运动技战术水平，提高其观赏性，推动其商业化发展这些主旋律来进行。

作为一种文化现象，篮球运动已经成为全世界人民最喜爱的运动项目之一，从 1891 年发展至今，已有一百多年的历史。促进篮球运动发展的原因有很多，但很重要的原因之一是规则的演变，它在很大程度上决定着篮球运动的发展方向，这使得越来越多的学者对篮球规则的演变进行研究。本节以篮球竞赛规则的结构以及发展历程为切入点，对篮球竞赛规则的演变进行系统地分析，对篮球规则演变的竞技性、表演艺术性、商业性等进行深入思考，以促进我国篮球理论体系的完善，促进我国篮球竞赛水平的提高，促进篮球运动的持续良好发展。

### （一）球竞赛规则的发展历程与结构变革

篮球规则从最初的 5 条原则，发展成为如今 10 章 61 条，其形成和变动不是盲目随意的，它与任何事物的发展一样也是经历螺旋式上升的发展过程，而且每个阶段都带有不同的特征。我国学术界通常将篮球规则的发展历程划分为完善与推广时期、普及与发展时期、全面提高时期和创新攀高时期四个阶段进行研究。本节在肯定这一划分的基础上认为篮球规则诞生之初的 30 多年也是篮球规则发展中不可或缺的历史阶段。因此，本节将篮球规则的发展历程划分为五个阶段，第一阶段（19 世纪 90 年代—20 世纪 20 年代）初创时期；第二阶段（20 世纪 30 年代—40 年代）完善与推广时期；第三阶段（20 世纪 50 年代—60

年代）普及与发展时期；第四阶段（20世纪70年代—80年代）全面提高时期；第五阶段（20世纪90年代至今）创新攀高时期，从这五个时期分析篮球竞赛各个规则的演变。

现代篮球规则同法律规范一样，基本上也是由假定（规则适用的条件或情况）、处理（规则的具体内容）和制裁（违反规则所招致的后果）这三个要素所构成。这三个要素构成篮球规则在文字表述上的结构。由于本研究重在研究规则的具体内容的演变规律，而篮球规则条目繁杂，种类多样，但就其根本可以将规则分为五个部分。为了研究方便，本节将篮球规则分为空间规则、时间规则、违例规则、犯规规则和权利义务规则五大部分。

### （二）篮球竞赛规则的演变

#### 1. 空间规则演变

篮球运动发展之初，规则非常简单。比赛时，比赛双方只要分成相等的人数即可，场地也没有明确的规定。初创时期的篮球规则可以说是处于一个初步探索的阶段。比赛时，使用足球式的柔软圆形球；确定了篮球圈离地面为3.05米；规定了参加比赛的人数为9人；场地为三区制，即后场、中场和前场；场地规定为长100×50英尺、90×45英尺或70×35英尺；规定铁圈取代桃筐等。随着篮球运动的不断发展，空间规则也进行了一系列的变化。在规则的完善推广时期，正式确定了比赛人数为5人，增加进攻限制区；确定篮球场面积为长26米，宽14米，还规定全部度量标准由英尺改为米制等，篮球比赛开始正规化。20世纪50年代以后，篮球运动在世界范围内得到了广泛的普及和发展。在全面提高时期，篮球场的面积扩大为28米×15米；设立了投篮3分区等。2010年新规则中，将三分线到篮筐的距离改为6.75米，限制区将从梯形改为矩形，形状与NBA相同。篮下增设合理冲撞（无带球撞人）半圆，半圆内侧边缘距篮筐中心（在地面上的投影）1.25米等。

#### 2. 时间规则演变

篮球规则的初创时期更多的是对篮球竞赛的空间规则的确立，对时间规则的修改较少。规定比赛时间为前后两节，每节15分，节间休息5分；掷界外球超过5秒违例等；完善推广时期，竞赛时间改为20分一节，共赛两节；进攻队在后场得球后必须在10秒内过中线；进攻队员不得在"限制区"内停留3秒等。普及和发展时期，增加一次进攻时限30秒；罚球违例时间由10秒改为5秒；换人由30秒改为20秒。全面提高时期，增加了5s的规则等。在创新攀高阶段，将比赛时间调整为一节10分，共赛四节，在第一节和第二节，第三节和第四节之间，以及每个决胜期之间休息2分，中场休息15分；进攻时间由30s改为24秒，并制定了详细的24秒规则；进攻方持球队员8秒内球需进前场；根据比赛中出现的新情况，对3秒违例、8秒违例都进行了详细的修改等。2010年新规则中，对掷球入界时8秒与24秒的开始有了明确的规定：在掷球入界时，当球触及场上队员或者被场上队员合理触及时，8秒及24秒即开始计算。也就是说，比赛计时钟和24秒计时钟同时开启。规则还对24秒计时钟的复位做出了明确的规定。如果比赛因违规停止时，24秒装置上显示的时间大于或等于 14 秒，24 秒装置将不复位，保持原来所剩的时间。如果比赛因违犯停止时，24 秒装置上显示的时间小于 13 秒，24 秒装置应复位 14 秒。

### 3. 违例犯规规则演变

犯规是对规则的违犯，含有与对方队员的身体接触或违反体育道德的举止。在篮球规则的初创时期，对于违例犯规的限制较少而且简单。规定一方队员不准用手和脚打、推、拉、绊、捶对方队员，违者记犯规一次；规定五次犯规取消比赛资格等。完善推广时期，进攻投篮时，防守者犯规，若投中则加罚一次，若未投中则加罚两次等。全面提高阶段，规定教练员或随队工作人员犯规性质严重或不道德行为而被判三次技术犯规时，将取消比赛资格，令该队教练员离开比赛场地；将全队 10 次犯规罚球的规定改为 8 次；取消了空中运球违例的规定；加重了对故意犯规的处罚，即除了判给被侵犯队员两次罚球外，还要判给一次线外中点处掷界外球的规定等。创新攀高时期，更多的是对违反体育道德犯规的细节的判罚。增加违反体育道德的技术犯规；加重了对违反体育道德犯规的判罚，规定运动员在一场比赛中发生两次此类犯规即被取消比赛资格；另外"假摔"这一概念也被引入篮球比赛，球员在比赛中"假摔"，将被判罚一次技术犯规等。2010 年新规则中，增设了合理冲撞（无带球撞人）区，对于任何突破至合理冲撞半圆内的情况，如果在空中的进攻队员与处于合理冲撞半圆内的防守队员发生了身体接触，不应当判罚进攻犯规，除非进攻队员非法地使用了手、臂、腿或者身体。2008 年官方解释指出，当掷球入界的球仍在裁判员手中，或者在掷球入界队员可处理球之后但球还未被掷入时，防守队员的犯规将被判罚为一次违反体育道德的犯规。根据最新的官方解释，上述规则仅仅适用于第 4 节最后两分钟以及每个加时赛的最后两分钟。

### 4. 权利义务规则演变

初创时期，13 条规则里面明确了裁判员和记录员的分工工作。主裁判员是球员的裁判，他有权判定犯规。当某队连续犯规 3 次，他将通知副裁；主裁判员有权宣布取消某队队员的比赛资格。副裁判员是球的裁判，他可以决定什么时候球在比赛中，并要记时，决定球的命中，记录命中的球数以及通常裁判员应该完成的责任。随后，规则演变的过程中，主裁判员、副裁判员、记录员等都有着明确的职责和权利，确保比赛更加公平公正。

## （三）篮球竞赛规则演变的思考

### 1. 竞技性愈演愈烈

竞技篮球运动之所以有大量的观众存在，一个主要的原因就是因为它的竞技性，而且存在着激烈的直接身体对抗。竞赛规则的修改时刻体现着篮球运动的竞技性。最初的篮球比赛，参赛队员是没有限制的，逐渐演变为 15 人、9 人、5 人。人数太多会使整个空间看起来非常拥挤，而且也不能突出单个队员的高超技艺，使篮球的竞技性很难完美地表现出来；人数太少又使得整个空间很空旷，而且双方的对抗不激烈，比赛会很单调，竞技性不突出。5 人制的比赛恰恰弥补了这些不足。投篮命中、空中接力、扣篮、战术配合等等，观众可以非常直观地欣赏每个队员的表演。篮球比赛是一个集体项目，不能仅仅只是单个队员的"垄断式"表演，因此要对这些"垄断"进行一些限制。20 世纪 50 年代，篮球比赛中一度出现高大中锋统治篮下的现象，尽管这些篮球巨星的个人魅力可以吸引观众，提高篮球运动的观赏性。但从另外一方面来说，他们一个人控制整场比赛，使得篮球比赛失去了集体性的最本质特征，从某种意义上来说也使得球赛失去了一定的观赏性。这种情况下所表现出来的竞技性是一种恶性循环的"垄断式竞技"。于是，针对这一现象，将限制区扩大来限制高大运动员在篮下强大的统治优势，促进竞技的"良性循环"。2010 年新规则中，将限制区从梯形改为矩形，形状与 NBA 相同，修改后，运动员更加自如地移动，使比赛更加流畅。同时，三分线的扩大，在增加难度的同时，也对运动员提出了更高的要求，加强了队员之间的对抗和竞争，竞技性愈演愈烈。对 24 秒的修订可以看出，进攻方每次的进攻投篮时间越来越短，加快了篮球比赛的攻防速度与节奏，要求运动员加快配合出手的速度和提高命中率，使篮球比赛的得分比以往更高，竞技性愈演愈烈。

2. **更具表演艺术性**

篮球运动以学生游戏的方式诞生，随着规则的完善和项目的普及，逐渐演变为一项竞技运动，并吸引了大批旁观者，进而有了最初的观赏者，"表演"的框架初具端倪；20世纪 30 年代以后，竞技篮球运动开始走向职业化道路，真正意义的观众出现，"表演"的特性初步确立；如今，随着篮球竞赛表演市场的不断完善，竞技篮球运动不断地向表演艺术吸收借鉴许多有益的表演要素，从而使现代竞技篮球运动的表演艺术性愈加明显。精彩纷呈的文艺演出，魅力四射的啦啦队表演，甚至从更广泛的意义上说，篮球比赛本身就是一场艺术表演，明星球员们不拘一格的服饰、光怪陆离的头型、独具个性的文身、华丽优美的过人动作、激情澎湃的篮下对抗、震耳欲聋的大力灌篮和赏心悦目的空中接力等都展现出竞技篮球运动无限的艺术魅力。篮球运动中迅雷不及掩耳的攻守转换，闪电般的突破是节奏与速度的集中代表，也是篮球运动魅力与观赏性的最大卖点。失去了节奏与速度的篮球运动是无法想象的。3 秒、5 秒、8 秒、24 秒规则的出现很大程度上提高了比赛的速度，使比赛的攻守转换加快，比赛回合增加，富于节奏感的对抗更加激烈，给比赛带来了活力。2010 年新规则中，确定了新三分线，新三分线距离篮筐 6.75 米，相比于之前 6.25米的三分线移远了 0.5 米，限制区从梯形改为矩形，形状与 NBA 相同。三分线的扩大虽然加大了 3 分远投的难度，但是从另一个角度看，这一改变为运动员创造了更多篮下突破的机会，展示自己才能的机会，增加了攻守对抗，使比赛更加精彩，更具观赏性。同时新规则中还引入了 NBA 的合理冲撞（无带球撞人）区，在这个区域内没有进攻犯规，这条规则的目的是，不鼓励那些为了制造突破上篮的进攻队员带球撞人犯规而早早地站在本方篮下的防守队员，这个规则的实行将使比赛的篮下身体对抗更加激烈，大大提高了比赛的观赏性。

### 3. 商业化趋势明显

随着篮球运动的发展和社会的进步，篮球运动已经不仅仅是健身、娱乐和竞赛项目的范畴，篮球运动的职业化、商业化和产业化范畴已经显现出来。所谓职业篮球，是以篮球俱乐部为实体，以职业篮球运动员的竞技能力和竞赛为基本商品，为获取最大利润为目的的经营体系。其中，职业篮球运动员的竞技能力和整个竞赛过程作为基本商品，在职业篮球市场有着举足轻重的作用。篮球竞赛作为职业篮球市场的主产品，是比赛双方球员把自身的体能、技能、技巧、战术意识、战术能力在球场上的运用和较量构成的。因此，职业篮球运动员技术、战术水平和体能水平如何，直接影响着篮球竞赛产品的质量。教练员的地位也十分重要，是决定篮球竞赛水平质量的重要因素之一。教练员作为提高职业篮球运动员竞技能力的生产者，对职业篮球运动员进行技术、战术、体能、心理素质的训练，并在比赛过程中根据双方的实际情况布置、调整战术。裁判员也是影响篮球竞赛质量的重要因素之一，在比赛中，裁判员评定球员行为的合法性，保证比赛顺利进行，裁判员的执裁能力和水平，以及公正程度，对球员技术、战术和心理状态都会带来直接的影响，还会打乱教练员的战术布置，影响教练员的心态，同时还会影响观众情绪的波动。篮球规则演变中，各个时期的大部分修改内容都是围绕运动员、竞赛本身、教练员、裁判员等展开，使整个篮球比赛这个文化商品，能够更好地满足消费者的需求。因此，篮球规则演变的商业性原则始终存在于整个篮球规则演变之中，并将在今后的篮球规则发展中体现得越来越明显。

篮球规则在一百多年的演变过程中不断融合了竞技性、表演艺术性和商业性的因子。现代篮球规则演变的方向将主要围绕如何提高篮球运动技战术水平、提高其观赏性，推动其商业化发展这些主旋律来进行，规范篮球运动参与者的行为以及对球队和联赛的控制管理方面，开拓规则的教育功能也是今后规则演变发展的一个重要方向。篮球运动能否良好发展，能否持续受到全世界人民的喜爱，很大程度上取决于规则的修改是否能够适应时代的要求，取得运动员、教练员以及观众之间的平衡，这不仅是篮球运动发展的需求，更是人类社会发展的必然。

## 二、篮球赛程编排

在篮球比赛中，决定比赛胜负的因素除了球队自身的实力等因素外，球队赛程的安排也有重要的影响。过度密集的赛事安排势必对球员的体力、经历产生不良影响，连续面对强于自己的对手会影响球队的士气，不均匀的主客场分布，如连续的客场征战也会使球员备感疲惫。所以建立科学、系统的篮球赛程评价体系，对球队的赛程进行合理评价，在篮球联赛的赛程安排中具有重要意义。

层次分析法是现如今流行的一种评价决策方法，其将与决策有关的元素分解成目标、准则方案等层次进行定性分析，通过定性指标模糊量化的方法计算层次单排序和总排序，作为多目标、多方案的决策系统方法。本节结合层次分析法，构建了篮球赛程评价模型，并对某赛季的 NBA 赛程进行了评价，验证了模型的可行性。

NBA 是全球最著名的篮球联赛，有 30 支球队，西部、东部联盟各 15 支，按照地理位置，西部分西南、西北和太平洋 3 个赛区，东部分东南、中部和大西洋 3 个区，每区 5 支球队。在常规赛阶段，每支球队均要进行 82 场比赛，在这 5 个多月中共有 1230 场赛事。所以对于 NBA 这样庞大的赛事，编制一个完整的、对各球队尽可能公平的赛程是一项复杂且艰巨的任务，本节主要对各支球队的赛程加以打分，为我国各级赛事，例如高校大学生篮球联赛（CU-BA）赛程的制定者们提供了指定建议。本模型可在无结构特性，以及多目标、多准则、多时期等的系统评价中推广使用。

在建立赛程评价的数学模型时，文中首先考虑给出评价赛程对某一支球队利弊影响的因素，依据这些因素对赛程数据进行分析给出对应的统计数量。然后归一化数据，分析各个球队在各影响因素下的权重以及各影响因素对于目标的权重，并最终给出了利弊总评价。

# 第二节　裁判规则

篮球运动与竞赛规则自同日诞生起，共同走过了一百年的历史，是规则激发了篮球运动无限的活力和魅力，而篮球技战术的发展，又使得规则不断改进和革新。我国老一辈篮球裁判员郭玉佩说："规则之于比赛，如绳墨之于曲直，规矩之于方圆，权衡之于轻重。"说的是，规则是指导篮球运动向健康方向发展的条文规定。它提倡公平竞赛、文明比赛、积极进取、团结合作精神，以及优良的体育道德作风，它限制了不正当的行为和不合理的动作，是规则的精神实质。

作为一名裁判员他应通晓规则，是规则的执行者、实施者和维护者，只有通过裁判员的实施规则才能奏效，而裁判员离开了规则也就没有衡量事物是非曲直的标准了。因此学习规则自然就成为篮球裁判员进入篮球裁判领域的第一步，也是最重要的一步。很多裁判初学者第一次见到长达 8 章 50 条的 100 多页的规则时显得不知所措，不知从何学起。其实学习规则的途径和方法还是很多的，可以自学理论、可以请教同行、可以在裁判学习班学习，也可以在网上交流。今天我想结合我自己的经验向大家交流一下理论学习的方法。

古人说："知己知彼，方能百战百胜。"学习规则也是一样，我们学习规则首先要弄清规则的精神和实质，以及它自身具有什么样的原则和特点。精神和实质前面已经说过，那规则的原则又是什么呢？笔者总结为十条：

公平：这是制定规则的基础，规则应该保持比赛的公平进行，不允许队员和球队从对方获得不公平的利益，比如交替拥有篮球的修改和使用是最明显的体现规则的公平性。

均衡：是规则必须对进攻和防守两个方面保持均衡，使得分不至于很容易或是很困难，导致比赛吸引力下降，比如 24 秒违例的修改。

定义：规则定义要简短明了、文字准确，能够保证定义准确而不烦琐，例如规则经过多次修改后变得越来越精准。

编纂：规则必须经过整理，条理清晰，使其有机地联系起来，并且不重复、不矛盾。

简短：规则要简短扼要，尽量避免重复。

例外：比赛存在例外情况，所以规则必须指出以保证比赛的公平性。

安全：规则要保证人身及场地器材的安全，保证比赛在良好的环境和氛围中顺利进行。

权力：规则必须保证赋予裁判员的权利能控制住比赛。

连续：规则要尽量保证比赛的连续进行，使其尽可能少地中断比赛次数。

无利：不允许任何一方从违反规则中获得好处，使比赛更具有奖惩分明的特性。

掌握这十条原则后，我们就可以对规则进行系统地学习了，下面介绍几种方法，供大家在学习规则时使用——

逐一列举法。就是将规则中有可能发生的情况一一例举出来，以便在以后的比赛中遇到这种情况时能够很快地做出判断。它能够培养裁判员的常识和预见性，增长裁判员的经验。举例说明：比如跳球，它关系到比赛的开始，容不得裁判员过多的思考，必须很快做出判断———到底是停止比赛或是开始比赛。这就要求在我们平时学习中要预料到跳球时有可能发生的一些情况。以跳球队员违例为例，可能发生的情况有：未等球抛到最高点下落时，跳球队员提前拍击球；抛球达到最高点下落后，跳球队员直接将球抱住；跳球队员在球没有被拍击前，提前抛出中圈；跳球队员用拳击打球。

只要有可能出现的情况，全部列举出来并做出判断，做到心中有数。这样你在比赛中会有持无恐，能很快地做出反应。

对比法。就是用不同的比赛两种或多种情况做逐一地对比分析，并做出判断。比如：可以拿进攻犯规和防守犯规做比较，也可以拿"违反"和没有"违反"做比较，还可以对有利和无利做对比。通过比较我们能够加强对两种情况区别的判断能力，加深对一些概念的印象，以便在实际比赛中做出准确判断。举例说明，"两次运球"和"漏接"，由于"漏接"的概念很模糊，所以有些裁判员在判断是否"漏接"时拿不定主意往往会出现判罚不一致的情况，所以我们拿出来做一个鲜明的对比，让我们看清两者的实际区别。首先明确概念，"两次运球"是指队员第一次运球结束后不等再次运球。而"漏接"指的是队员偶然失掉球，随后在场上恢复控制活球。接着举例对比：某队员运球结束后做转身动作，由于持球手的后肘部碰到同队队员的身上，使球脱手落到地面，然后在别人都没有触及球的情况下，再次拾起球，这种情况属于"漏接"。同样是这个队员运球结束后，做转身动作运球突破，那么则构成了两次运球违例。一例两种情况，很鲜明地对比，结果也是很明确的。

总结法。就是将一条规则总结成为几条关键的因素，或是将一种罚则归纳成为几种情况。这样就可以化繁为简、去粗存精，涉及面广，在使用规则时很清晰明了，三两点就能够解决很实际的问题，能够抓住问题的重点。例如"干涉得分"：一是投篮的球并且有进入球篮的可能性；二是完全在篮圈水平面上方；三是正在下降；四是被队员触及。这是构成"干涉得分"的因素，缺一不可。但"干涉得分"并非完全局限为这个因素。有一个例外，投篮的球触及篮板后，完全在篮圈水平面上时被队员触及（包括上升或下降）。这样我们就用"四因素"和"一例外"很清晰地全面概括了"干涉得分"的所有情况。

想象法。在学习理论上大家都有同样的感受，认为太抽象，太模糊。特别是"带球走"规则中中枢脚的确定。那么我建议你使用想象法。想象法是用虚拟的人物构成比赛的环境和因素，从而较直观地学习规则，根据规则中的讲述，虚拟人物做出相应的动作，你则直接分析，加深印象。

来龙去脉法。根据制定规则的十条原则，将现行规则——对照研究的方法，有利于提高裁判员的常识，以及掌握规则的精神。例如：规则规定"当球触及裁判员时，如同触及裁判员所位于的地面一样"。为何这样规定？因为它遵循了"公平""连续"和"无利"原则。这样一来，有些运动员想借裁判员的身体获得利益的，如"两次运球""重新获得球权"等是不可能的，同样他也没有造成控制球方的不利，而且也没有打断比赛的连续性。所以研究规则制定的来龙去脉，是一件很有价值也很有意义的事情，对于深刻领会规则精神和实质有着进一步的意义。

钻牛角尖法。对于学习到一定层次而且想提高得更快的裁判员们，笔者提倡使用这一方法。钻牛角尖法实际上是在了解规则产生的来龙去脉后，找规则的漏洞、规则的矛盾、规则的错误。规则并不是绝对健全、合理的，特别是"违例"和"犯规"这两大章节，但是规则抛出了一句话，似乎已经掩盖所有的不足方面"要考虑规则的精神和意图，对于参与者们真正想做什么，以及宣判什么对比赛是正确的要有一种感觉"。意思是说：假如规则没有解释到的，或者出现特殊情况的，你自己看着办。对于这些需要你自己看着办的问题，大家一定要酌情处理。

除以上方法外，还有"正推法""反推法""实体模仿法"等，无论哪种方法都不是一成不变地贯穿在学习当中，只有有选择地搭配和结合，那样才能使学习规则理论事半功倍，达到理想的效果，学习最忌讳生搬硬套、死记硬背。还是那句话："只有理解规则的精神和实质，你才能真正地学习到规则的精髓。"最后奉劝大家，拿起篮球到球场上去拍一拍，它不仅能够活动筋骨、锻炼体质，更能使你所学的规则进一步消化，只有这样你才能更贴近规则、贴近篮球。

# 第三节 篮球游戏

## 一、体育游戏的概念及特点

### （一）体育游戏概念的界定

孟凡程在《简析体育游戏在中学体育教学中的运用》一文中指出，体育游戏是以人体运动为基础，包括跑、跳、投、掷、跃等人体基本动作的各种体育基本运动方式，创编出形式各样的形体动作，并且依据"健康第一""终身体育""全民健身"的需求，有针对性地创编一些竞争性较强的体育游戏，并制定一定的游戏规则。

### （二）篮球游戏分类的特点

从教学角度来说，篮球游戏具有目的性。人们参与篮球运动首先需要学到一定的篮球技术，才能作为一种主动参与的运动项目。掌握一定的篮球技能除可以强身健体外，还能在参与过程中体现出自己的价值，获得一定的成就感。

从生理和心理的角度来说，篮球游戏具有挑战性。每项体育运动都需要承载一定强度的运动负荷，这在生理和心理上都是一种挑战。篮球游戏的开展，让参与者完成了身体的预热阶段，为大运动量的篮球训练做好了铺垫，并可激发参与者的斗志，以适应更具挑战性的高强度对抗。

从趣味性的角度来说，篮球游戏具有娱乐性。游戏的本身就是休闲、玩耍，可以愉悦身心、调节情绪。开展娱乐性的篮球游戏，能让参与者产生愉快的情绪，感悟篮球文化的精髓，从而让篮球运动更易受到各界人士的认可，并积极参与其中。

从个人和团队的角度来说，篮球游戏具有可变性、竞争性。竞技体育是在同一严格的规则制约下进行的，强者之间的竞争只能是体能充沛、专项技术好和战术水平高的获胜。篮球游戏的内容可以随机变通，可以比体能、技能、智力及应变能力，也可以比团队协作的能力等。

## 二、篮球游戏的分类

篮球游戏现已发展为在内容、形式、功能上都非常全面的体育教学手段，其一般可以分为以下 5 种类型：教学类，移动、运球、传球、投篮、进攻性和防御性的战术游戏等；体能类，力量、速度、耐力、灵敏的游戏等；趣味类，跑跳、团队协作、反应类游戏等；个人类，集中注意力、培养球性等游戏；团体类，追赶、接力游戏等。

### （一）教学类篮球游戏

教学类篮球游戏可分为以下 4 种类型：移动游戏，半场抢球、判断追拍、通过防线、你追我赶等；运球游戏，抢断运球、运球接力、运球追捕、运球拍击等；传接球游戏，圆圈追传、传球追触、上下传球、二人传两球等；投篮游戏，投假设篮、投篮晋级、投篮淘汰等。篮球运动属于技能主导类同场对抗性项群，技术教学在整个篮球教学过程中应是重中之重。在轻松的游戏状态下，可使队员更好地掌握规范的篮球技术，可以大幅提升教学的质量。例如，半场抢球。游戏目的：锻炼参与者的攻防能力。场地器材：篮球场 1 块，篮球 1 个。游戏方法：篮球放在半场的中间，把参与者分为人数相等的甲和乙 2 队。一队为进攻队，分散站立于半场的边线、中线和端线外；另一队为防守队，分散在该半场范围内。游戏开始后，进攻队通过各种脚步移动，避开防守进入场内抢球，若抢到球并把球抛到半场外的同伴手中，得 1 分；防守队则运用各种步伐进行防守，若进攻队员被抓住，则罚出比赛，若抢断或拦截到球，须把它放回原处重来；规定时间到，双方互换攻守，最后以积分多的为胜。

## （二）体能类篮球游戏

体能类篮球游戏可分为以下 4 种类型。（1）力量性游戏：猜拳俯卧撑（或蛙跳）、负重比赛、脚斗比赛、推人出圈、推小车等。（2）速度性游戏：运球往返、追球比赛、沿线追拍等。（3）耐力性游戏：多线运球往返、2 分投篮比多、折返跑比赛等。（4）灵敏性游戏：打龙尾、运球追拍、换位抢位、躲避传球等。在篮球比赛中不仅需要技战术的灵活运用，同时也存在着激烈的身体对抗，所以体能也是一项重要的比拼内容（包括跑动能力、弹跳能力、反应能力、柔韧能力和协调能力等），而篮球教学中也可以通过篮球游戏来达到提高体能的目的。

力量性游戏。游戏可分输赢，输的一方需要进行一些惩罚，而惩罚可以是一些简单的力量训练，甚至可以在游戏中比拼力量。例如，猜拳分胜负，负方可惩罚 30 个俯卧撑以锻炼上肢力量，也可惩罚 15 个蛙跳以锻炼下肢力量。

速度性游戏。速度性游戏在篮球游戏设计创编过程中，不仅是对篮球基本功的巩固练习，也是对篮球学习者体能方面的提高练习。例如，追球比赛。游戏目的：提高参与者的反应、启动速度及跑动速度。场地器材：篮球场 1 块，篮球 1 个。游戏方法：把学生分为人数相等的 2 队，列队站在球场的两边线上，每队报数后每人记住自己的号数。游戏开始后教师把篮球投向篮板，同时高喊甲队的"X 号"，乙队的"X 号"，队员立即启动跑出抢接篮板球；如果是甲队的"X 号"先接住球则得 1 分，同时该队员立即持球跑到该队队尾并由后向前把球传至排头，与此同时乙队的"X 号"则须徒手绕过本队队尾跑到排头。如果是甲队的传球先到，则甲队再得 1 分，结果就是 2：0；如果双方同时达到，则双方不得分，结果就是 1：0；如果乙方先到，则乙方得 1 分，结果就是 1：1。然后教师再叫另一号数，游戏继续进行，进行若干次或者一定时间后计算双方总得分，得分高者获胜。

耐力性游戏在篮球比赛中，关键时刻或决胜期运动员的耐力将是决定比赛胜负的关键因素。若耐力好，投篮的稳定性就高，防守的强度则相对较大，传接失误率也会降低。因此，提高运动员的耐力，将会对比赛的胜利带来积极的作用。例如，多线运球往返。游戏目的：提高持球者的运球稳定性并锻炼其耐力。游戏方法：在多线的折返跑中，运球要降低重心，折返跑时必须脚踏到线，若失误则须重新开始或增加折返次数，以先到者为胜。

灵敏类游戏在篮球比赛中，不仅要做好进攻，防守也不可忽略，而在攻防转换时，防守者需要有敏锐的判断和灵活的移动。开展灵敏类的游戏可以使参与者获得更强的防守能力，在防守端展现出更强大的自信与果断。例如，打龙尾。游戏目的：提高防守者的灵敏性。游戏方法：分成人数均等的 2 组，在球场中圈内进行 1 对 1 拍屁股比赛，胜者留下，输者退出并由该组的下一位出场，直到某一组的人数全部输完。

### （三）趣味类篮球游戏

趣味类篮球游戏可分为以下 3 种类型。跑跳类游戏：钻山洞、跳山羊、"S"形追逐跑等。反应类游戏：贴膏药、喊数抱团、叫号追人等。团队协作类游戏：拉网捕鱼、圆圈接力、老鹰抓小鸡等。在紧张的环境氛围与疲惫的身体状态下，适度开展一些趣味性的游戏，能够维持参与者对篮球运动的兴趣，并从中体验成功的喜悦。例如，拉网捕鱼。游戏目的：激发并维持参与者的学习兴趣，保证篮球训练的质量。场地器材：篮球场 1 块，游戏方法：开始时由 2 名参与者扮作"渔夫"手拉手当渔网，追捉在场内运球的"小鱼"（其他人），被捉住或遗失球的"小鱼"要立刻弃球并与"渔夫"手拉手编成新的渔网继续追捉剩余的"小鱼"。捕鱼过程中所有"渔夫"必须保持手拉手，否则捕捉无效，而最后一只未被捕捉的"小鱼"为胜者。

### （四）个人类篮球游戏

个人类篮球游戏可分为以下 2 种类型。培养注意力类：双人抢球、叫号运球等。培养球性类：花式篮球、原地运球比快、比多等。每个队员都是团队的一份子，个人能力的提高是团队整体实力提升的重要因素。在日常的训练过程中，通过游戏的方法对队员个人能力进行提升，可以调节紧张的心理和单调的节奏，使队员在高强度训练中适当地得到放松，提高训练的效率与质量。例如，双人抢球。游戏目的：培养集中注意力。场地器材：篮球场 1 块，篮球若干个。游戏方法：把参与者分为人数相等的甲和乙 2 队，相距 1m 左右成横排站立，各队的队员间也相距 1 米左右。在甲和乙 2 队正对的 2 人间各放 1 个篮球。然后，教师带领 2 队一起做操或原地踏步跑，听到哨声响后同时开始抢球，抢到球者为胜，胜者多的一方为胜队。

### （五）团体类篮球游戏

团体类篮球游戏可分为以下 2 种类型。追赶类：抢投比赛、团队投篮比赛、团队运球折返跑比快等。接力类：折返跑投篮接力，上下、前后、左右递球比赛等。在篮球比赛中，要想通过合理的技术动作、精准的传接配合进行得分，队员之间的默契是非常重要的。而在教学过程中，可以改变传统的教学模式，将教学方法游戏化，以促进教学效果，提高教学质量。例如，抢投 30 分。游戏目的：提高团队默契程度与快速投篮能力。场地器材：篮球场 1 块，篮球若干。游戏方法：把参与者分为人数相等的若干队（每队 5~6 人），每 2 队共用 1 个篮筐，各队在距离篮筐圈 5 米处的 45 度角方位成纵队站好，排头者各持 1 球。游戏开始后，各队从排头者起做原地跳投 1 次、罚球 1 次，都是自投自抢。无论投（罚）

中与否，都须把球传给本队下一位队员，依次按同样的方式进行。按跳投投中得 2 分、罚球投中得 1 分的分值累计，直到投满 30 分，以完成的快慢排列名次。注：每队须在规定时间内完成，否则不论得分多少都判为负方。

# 参考文献

[1] 曲宗湖，杨文轩．学校体育教学探究 [M]．北京：人民体育出版社 .2000.

[2] 李元伟．科技与体育—关于新世纪体育科学技术发展问题 [J]．中国体育科技，2002，38（6）：3-8，19.

[3] 徐本立．运动训练学 [M]．济南：山东教育出版社，1990：228.

[4] 王智慧，王国艳．体育科技与体育伦理辨析 [J]．体育文化导刊，2016（6）：146-148.

[5] 曹庆雷，李小兰．前沿科技与体育 [J]．山东体育科技，2004，26（1）：37-38.

[6] 董传升．"科技奥运"的困境与消解 [M]．沈阳：东北大学出版社，2004：15.

[7] 张朋，阿英嘎．科技与体育的对话——利弊述评 [J]．福建体育科技，2015，34（4）：1-3.

[8] 谢丽．从奥运会比赛成绩看运动器材的变化 [J]．体育文史（北京），2000（4）：52-53.

[9] 杜利军．奥林匹克运动与现代科学技术 [J]．中国体育科技，2001（3）：6.

[10] 于涛．从哲学角度再认识身体对揭示体育本质的意义 [J]．上海体育学院学报，2008（3）：18-20.

[11] 张洪潭．体育的概念、术语、定义之解说立论 [J]．西安体育学院学报，2006（4）：1-6.

[12] 张庭华．走出体育语言——从语言学界的共识看媒体体育语言现象 [J]．体育文化导刊，2007（7）：50-53.

[13] 黄聚云．从哲学角度再认识身体对揭示体育本质的意义 [J].2008（1）：1-8.

[14] 爱德华·萨丕尔．语言论 [M]．北京：商务印书馆，1985.

[15] 于涛．体育哲学研究 [M]．北京：北京体育大学出版社，2009.

[16] 董文秀．体育英语 [M]．北京：人民体育出版社，2009.

[17] 伊恩·罗伯逊．社会学（下）[M]．北京：商务印书馆，1991：719.

[18] 汪寿松．论城市文化与城市文化建设 [J]．南方论丛，2006（3）：101.

[19]R.E. 帕克．城市社会学 [M]．北京：华夏出版社，1987：41，154.

[20] 乔尔·科特金．全球城市史 [M]．北京：社会科学文献出版社，2006：3.

[21] 卢元镇．体育社会学 [M]．北京：高等教育出版社，2001：211.

[22] 乔治 . 维加雷洛 . 从古老的游戏到体育表演 [M]. 北京：中国人民大学出版社，2007：107

[23] 王祥荣 . 生态与环境——生态可持续发展与生态环境调控新论 [M]. 南京：东南大学出版社， 2000：55.

[24] 郑杭生 . 体育学概论新编 [M]. 北京：中国人民大学出版社， 1987：345.

[25] 周爱光 . 体育本质的逻辑学思考 [J]. 武汉体育学院学报，1999（2）：19-21.

[26] 熊斗寅 . "体育" 概念的整体性与本土化思考：兼与韩丹等同志商榷 [J]. 体育与科学，2004（2）：8-12.

[27] 王春燕，潘绍伟 . 体育为何而存在：20 世纪 80 年代以来我国体育本质研究综述 [J]. 体育文化导刊，2006（7）：46-48.

[28] 宋震昊 . "体育" 本体论（二）：体育概念批判 [J]. 南京体育学院学报：社会科学版，2006（3）：1-6.

[29] 胡科，虞重干 . 真义体育的体育争议 [J]. 南京体育学院学报：社会科学版，2010（4）：59-62.

[30] 张军献 . 寻找虚无上位概念：中国体育本质探索的症结 [J]. 体育学刊，2010（2）：1-7.

[31] 崔颖波 . "寻找虚无的上位概念" 并不是我国体育概念研究的症结：与张军献博士商榷 [J]. 体育学刊，2010（9）：1-4.

[32] 何维民，苏义民 . "体育" 概念的梳理及匡正 [J]. 武汉体育学院学报，2011（3）：5-10.